別人的情緒，你讀懂了嗎？

掌握人際回應力，輕鬆談出好關係

裘凱宇×楊嘉玲——著

目次

Part 2 解讀七大情緒，培養人際回應力

借力 讓正面的情緒，形成美好的循環

使力

讓挑戰的情緒，變成尊重的跳板

Chapter 7
如何回應輕蔑的情緒——面對……127
你的反應比你以為的還要快。
你必須得學會「面對」，穩穩地站在攻擊你的人「對面」。
解「凌」，還需繫「凌」人。
以小勝大的前提是，不認為自己擁有的很少。
要多麼努力，才能顯得毫不費力。
站穩理字，讓對方下不了馬威，還無法論斷你是非。
別人的輕蔑你無法阻止，但你可以決定不讓它在大腦生根發芽。

Chapter 8
如何回應厭惡的情緒——轉化……157
厭惡需要轉化。
小蝦米對大鯨魚？請先徹底了解對手的「在乎」。
了解對手，站穩立場，不讓別人貼標籤。

你習慣的，不代表是對的。
置人於死地的不是武器，而是傷人的動機。

卸力
讓沉重的情緒，獲得完美的落地

合力 透過心理位移，看見新的可能性

前言

在我動筆寫《別人的情緒，你讀懂了嗎？》這本書的期間，正值二〇一六年農曆春節，也是中國人回家團聚的日子。談到「團圓」，不曉得你腦中第一個跳出來的畫面是什麼？

當你還是個孩子，可能是愉快的拿紅包；但假使你是成人，過年，很容易就變成和家人、親戚發生「過節」的日子。

不用我多描述，此刻你心中可能馬上就浮現某幾位親友討人厭的問話：薪水多少？年終獎金多少？有沒有男女朋友？要不要考公務人員？怎麼不結婚？怎麼不生小孩……。而通常這類的話題，很容易挑起被問者敏感的神經，讓原本開心的氣氛瞬間凝結。

但冷靜下來，其實你仔細想想，並不是這些問題不能問。在你被問的當下，你並沒有那麼不舒服，真正引發你情緒的關鍵轉折點，是對方在你回答後的第一個反應，決定了你要賞他一個白眼，還是繼續對談下去。

同樣一句「交男女朋友了嗎？」

當你說「還沒遇到合適的對象」後，對方接著說：

「你都幾歲了，別那麼挑。我跟你說，談戀愛好看沒有用，找一個能溝通的比較實際。」

VS.

「聽起來你對感情有堅持，才會寧缺勿濫。你願意多說一點你的標準嗎？」

相信這兩種不同的回答，帶給你的情緒反應是截然不同的，也影響著你對眼前這個人的觀感與印象。

也許，脾氣好一點的人會爲對方緩頰說：「她只是有口無心」、「他是在關心你」，可是我們都不能否認「說錯話」，對於關係會造成很大的傷害。**一段關係，若需要你一直合理化對方的行為，替對方找藉口，你很難打從心底尊重這個人**。

無論有沒有實質的傷害意圖，某些回應就像一把銳利的刀子刺傷了我們的心。相反地，一個好的回應，卻能讓流血的傷口癒合止痛。

別人說錯話，你會很有感覺，你可以說出他哪裡讓你生氣。但反過來，你可曾用心的分析自己的回應，帶給別人什麼感受，可能有哪些地方不太恰當，需要修正？怎麼調整？

這些年的教學經驗，我發現很多人的溝通之所以有困難，大致可以區分成兩種類型：一種是害怕自己「犯錯」，以至於回應的內容很少或模糊，讓人覺得很有距離；另一種則是對於自己說過的話，沒有察覺，常常因為一時的情緒就脫口而出，甚至還堅持自己「沒錯」。

我自己就有過類似的經驗。有一次家人生病，半夜臨時被叫到急診室，醫生評估後，覺得不放心，請我們留院觀察。好不容易捱了七、八小時，終於等到病床，在志工的陪同下，把家人送進普通病房。

那是一間兩人房，隔壁床躺著一位老婆婆和照顧她的先生。可能是因為想要表達善意，或太久沒跟人說話，老先生一看到我，就連珠炮的問我許多問題，例如：家人為何住院？什麼病？住哪裡？在哪裡工作……，絲毫沒有發現我正忙著安頓家人，確定點滴是否順暢、尿布乾不乾爽？

面對「室友」的「熱情」，一開始我還客氣地回答，直到他開始關心我的工作，我臉上開始出現不耐煩。再加上我的職業比較特別，許多人根本搞不清楚「心理學家」和「算命師」的差別，因此我就簡單的回答說：「我的工作不好說清楚，自己創業，不是上班族。」

沒想到，看起來病懨懨的老婆婆竟然接：「你一定是開情趣用品店啦！才會**不好說**。」

聽完這句話，我整個火氣就上來了，覺得莫名其妙到了極點。直覺告訴我，若不好好處理，等一下會有更離譜的問題。於是我運用了一些回應的技巧，讓這對老夫妻不敢再繼續找我說話，終於可以圖個清靜。

不過，過程中最有趣的地方是，當我用堅定的態度回應對方，讓他們知道哪裡冒犯到我時，老太太口中一直唸說：「是你說『不好說』的啊！『不好說』不就是情趣用品嗎？……。」彷彿在說我小題大作，作賊喊抓賊。

當然，我沒有繼續深究下去，因爲我了解，就算爭贏了，也沒有意義。可是那對老夫妻的回應卻讓我印象深刻，畢竟從他們的角度，他們若不覺得自己說錯話，就不可能會去修正自己的語詞，讓別人覺得舒服或合理。

因為，人無法改變自己沒有意識到的問題。

與其對他們生氣，倒不如退一步思考，他們做了什麼讓我有情緒？以及在什麼樣的情況下，會讓他們有這樣的反應？假使他們能夠早一步知道，這句話可能帶給別人什麼感受（發現並理解別人的情緒），是否才有可能做出調整。否則我只會繼續生悶氣，而他們覺得很無辜。

不想「說錯話」，你得認識「好回應」。

這一個觀點的落差，激發了我仔細思考，究竟什麼樣的條件會構成「說錯話」？反過來，如果我們不想說錯話，那麼一個「好回應」需要具備什麼元素，才能讓別人覺得順耳？

若我能夠把這件事情談清楚，就能夠幫助那些很害怕自己犯錯、不願意開口的人，知道只要避過哪些地雷，便能自在地與人交流。更重要的是，引導一些心直口快的人，在做回應時，多增加哪些潤滑，所說的話會更圓潤、不刺耳。

而非舉著「直率」的大旗，宣稱自己有話直說叫「沒心機」，其實骨子裡根本沒有把別人放進心底。有時，「沒心機」和「沒良心」的反應是很相像的，當你告訴他你覺得受傷時，他隨口搪塞一句「我沒那個意思」或「我也不知道會這樣」，你也奈何不了他。

這對於身處於網路世代的你我，至關重要。**我們每天需要跟這個世界交流這麼多訊息，包括文字和口語，小至一個招呼、一個Line或Facebook留言，大到面試、會議、銷售、簡報。每一個回應都攸關著你在他人心中的印象，以及你們當下談話的情緒。**有些人一直覺得有志難伸、懷才不遇，並非真的身邊沒有貴人，而是他一直惹毛人還不自知。

這本書正是針對「說錯話」和「好回應」所做的系統性整理與分析，幫助你穿越表面的文字迷宮，直指核心，掌握真正的關鍵——情緒，做出恰如其分的反應，無論面對何種場合，都能夠「看懂情緒，輕鬆對談」。

Part 1

看懂情緒，
認識人際回應力

Chapter 1

說錯話？錯在哪？誰的錯？

說錯話，是你我經常會面臨的情況，但是，什麼樣的話叫「錯」？從誰的角度有「錯」？

你有說錯話或因爲別人說錯話，而覺得困窘的經驗嗎？可能是：

開了不該開的玩笑；問了不合宜的問題；

提了不合理的要求；回了不舒服的訊息；

講了不恰當的評論；說了不對題的答案；

談了失身分的話題；聊了很敏感的議題……

這些情況你可能都經驗過，畢竟人有失足、馬有失蹄。研究統計，我們每個人平均一天會說一萬多個字，大腦要處理這麼龐大的訊息量，難免會因爲一時錯亂，回了不恰當的話。

因此，說錯話，是成長必經的過程，就像青春痘一樣，好發在某一段期間，可能是菜鳥、陌生人、新環境……等，透過熟悉或學習，失誤的機率就會漸漸下降；也不是什麼重大的疾（急）病，需要立即治療根除，所以大部分的人，說錯話時，可能笑一笑、把話題岔開，不會特別放在心上。

確實說錯話，輕則也許只是尷尬、冷場一陣子，大家莞爾一笑也就過了；但嚴重一點，卻有可能失去一段關係、一筆業績、一份信任。尤其是因為個性差異或經驗落差，讓人沒有及時發現，使得本來只是小小的青春痘，卻因為反覆發炎潰爛，惡化成深深的痘疤，成為關係的遺憾。

也許你身邊就認識某一些人，你覺得他特別容易說錯話，接了不該接的話，以至於你一想到要跟對方互動，心裡就翻了好幾次白眼；或是你發現自己常常發言後，原本熱絡的交談就會陷入一片寂靜，不知道哪裡出了問題，到最後只能不了了之。

說錯話，是你我經常會面臨的情況，但我們似乎很難說清楚，什麼樣的話叫「錯」？從誰的角度覺得有「錯」？除了很明顯的罵人或髒話外，如果對方只是覺得他說該說的話，可是聽在你的耳裡卻不舒服，那究竟該用誰的標準定義「錯」呢？

舉一個實際的例子。

有一天，我打開電腦，螢幕自動跳出一則FB訊息，大意是：某個機構得知我的專業，希望能邀請我去做一場課程，讓同仁們可以對溝通有更進一步的成長。

通常我對這樣的邀請都抱持著感恩的心情，謝謝對方的肯定，但無論對方所屬的單位爲何，知名企業也好、熱情的學校社團也罷，我都不會馬上同意。畢竟任何一場分享或課程，事前都有許多細節需要磨合，像是時間、地點、人數、期待、成員性質、費用、預期效果……，都需要討論與澄清。假使貿然答應，到最後才發現彼此的需求不同，必須取消，不僅蹉跎了時間，更有可能讓承辦人騎虎難下，丟工作就嚴重了。

因此，在禮貌性的感謝之後，我會請對方聯繫我的助理，同時，我也會先知會助理，哪個單位會來邀約，確定好彼此的需求可以配合後，再來敲明確的日期和課程的內容。大多數的承辦人也都能理解，按照這個流程走。

但這一次負責的窗口（簡稱A），遲遲沒有聯繫我的同事，正當我們困惑哪一個環節沒有串好時，A又發訊息到我的FB帳號。

「老師，上回跟您提到的演講，不曉得您考慮得如何？不知道您三月還有哪些時間有空？」

「謝謝你的邀請，因爲我的助理一直沒有接到你們的來電，我以爲你們不辦了。」

「老師誤會了，我們一直都在規畫，我想說上一次先知會老師，讓老師有個心理準備後，這一次再來談細節。」

「喔！這樣啊！不過還是要請你先聯絡我同事，她會比較了解我的行程與習慣。」

對話下方出現一個灰色的勾勾，我確定對方有讀到這個訊息。

我心想，說不定他等一下就會打電話給助理，或是翻一下行事曆，告訴我什麼時間會再聯絡。但約莫過了十五分鐘，對話框出現一段新訊息：

「老師，由於這個活動時間比較趕，我們是不是能夠在今天先確定時間，讓我可以把公文先送出去，這樣預算才來得及撥下來。另外，因爲長官希望可以跟春酒一起辦，所以場地上就不會在我們公司，會到外面找一家飯店。不曉得老師在設備上有什麼要求？」

坐在電腦前，讀完這段文字，瞬間，我對這間公司，爲何需要找老師上溝通課程，有了具體化的理解。但對方似乎對於踩到我的線，一點知覺也沒有，且不打算把腳移開。

立場不同，對錯就很難定義。

不過，靜下心來，仔細分析這段談話。

站在我的立場，很明顯的這個承辦人回應的內容，並沒有讓我感覺到被尊重，他沒有用我期待的方式溝通（打電話），甚至連個理由都沒有給，彷彿我沒提過。

但站在他的立場，可能他眞的有時間壓力，他的長官就站在旁邊，堅持他給個明確的時間，究竟活動要辦在哪一天，於是他只好聽命行事。

此外，由於這個例子是我寫的，因此，我可以把我的狀態交代得很清楚，使身爲讀者的你，很容易就能理解我的不滿，把溝通不良的責任歸因到承辦人身上。可是，如果今天角色互換，承辦人有機會也寫一本書描述他的困難（講師是一個很難聯絡的職業，常常不接電話），也許你就會同情他，並了解他為何沒有選擇打電話，硬要趁有機會跟本人互動時，趕快把事情確定下來。

透過這個案例，我想討論的並不是他說的話「正不正確」？「錯」在哪？該怎麼說比較好？相反地，我希望大家了解的是**回應的複雜度，你必須回到脈絡中了解，才能判斷某個回應恰不恰當**。

在探討回應時，如果我們拘泥在表面的內容，怎麼說？說什麼？文字的意義與使用方式，你很容易進退失據，覺得自己盡力了，可是對方還是不高興。

一如你會發現A在最後一個回應裡，他其實很清楚的表達了自己的狀況與需要，整句話的文法、用詞遣字都很正確，並沒有所謂的「錯」。

可是你就算不是我，你依然會覺得他的回應有狀況，好像不太恰當，怪怪的。至少從最後的結果來看，他並沒有達成目的，成功敲定邀約，甚至讓我對這個人留下不太可靠的印象。

也就是說，**所謂的「說錯話」，並不能用字面上的意思來定義對錯**。

同一句話，用不同的語氣、由不同的人來說，會產生截然不同的感受。親人語帶威脅說：「這麼晚才回家。」和愛人睡眼迷濛的說：「這麼晚才回家。」你的反應從不耐煩到心疼、愧疚都有可能。

反過來，同一個情緒，例如失戀很難過，也會因為和不同的人說、距離失戀的時間遠近、在公眾場合，還是私人日記，描述的方式也都不一樣。

你會用各種不同的情緒表達同一句話，也會用各種不同的方式，傳達相同的情緒。所以，在我分享什麼樣的回應才算適當、恰如其分前，我希望你先了解一個重要的觀念，即**「沒有哪一句話一定不能說，說了就是錯」或「沒有什麼話一定是對的，只要搬出來就好。」**

唯有你先打破這個迷思，這本書才能幫助你，帶你看見更深層的關鍵。

創造「好回應」，請先放下標準答案。

總而言之，在了解「好回應」或「說錯話」時，我們無法規定細則，只能把握原則。一如要出發去北極，向北走，是原則，但規定必須搭幾點的飛機、轉幾點的破冰船、走多遠的路，就是細則。

在眞實的旅行中，原則不會改變，但究竟該怎麼抵達，得視情況而定。硬要按計畫走，若遇到任何意外，如風暴來襲、冰層太厚，就會失去應變的能力。若不想讓「細則」卡死自己，請先放下對「標準答案」的迷戀。於是你會發現好的學習，會帶給你更多的彈性與自由，而非製造更多的框架，告訴你什麼一定要做、什麼不可以做。掌握好核心，你就不需要糾結在細節中。

同樣的，在實際的互動中，我們無法規定「哪一句話不能說」、「哪一句話一定要怎麼接」、「他說什麼，你可以這麼回」……這類的細則。但要避免說錯話，還是有原則的，就是在**回應時，先處理對方的「期待」或「情緒」**。**通常一段互動會出現說錯話、談不下去的狀況，大多是因為某一方的期待沒被承接，或是情緒受到否定**。

一如那位課程承辦人，若能先表示他想知道我爲何希望透過電話溝通，而非通訊軟體，之後，再表達他的爲難與處境，說不定我會願意多體諒他一些，在能力範圍內，盡可能滿足彼此的需要。只可惜他太專注在自己的世界，忘了抬起頭，看看別人的位置。

有專業，也要有人味，才能走得更遠。

談到這邊，或許會有朋友抗議，我是來工作，又不是來選最佳人緣獎，不能就事論事，把事情講清楚就好，非得要考慮到別人的狀況，才算「說對話」嗎？做人一定要拐彎抹角，不能乾淨俐落一點嗎？

這讓我想起電影《模仿遊戲》（The Imitation Game）中的一個橋段。

男主角艾倫・圖靈（Alan Turing），英國人，現代電腦之父，是一個天才，同時也是亞斯伯格症患者（高功能自閉症的一種類型），不擅與人交際，卻肩負了破解德軍密碼的重要責任。一開始，他和整個研究團隊格格不入，最經典的一個例子是：

某天中午，他的同僚對著他說：**「圖靈，要不要跟我們去吃三明治。」**

圖靈想都沒想，就回：**「我不喜歡吃三明治。」**

同事起先還有點耐心，跟他解釋：「**我的意思是，你要不要跟我們一起去吃午餐。**」

沒想到圖靈完全無法讀懂對方的言下之意，竟然接著說：「**你沒有問我要不要去吃午餐？**」

他的同事當然一整個火大，覺得圖靈對他們有成見，一言不合差點就要打起來。但看到圖靈絲毫不在乎的表情，也懶得再跟他吵，放棄邀請他加入這個小圈子。想不到臨走前，圖靈又對著他們喊：

「**我餓了，幫我帶個湯。**」讓他的同事氣到不想跟他說話。

所以，雖然圖靈有很好的點子，非常棒的設計，但他因爲無法和他人建立關係，有一度幾乎被趕出研究團體，沒日沒夜創作出來的機器也差點被破壞。

幸運的是，他遇到一位好朋友，教他如何與人互動，理解別人沒說出口的訊息，以及如何回應才能讓別人舒服、進而願意跟他合作後，他的發明才有機會實現，並成功打贏德軍，幫助同盟國取得二次世界大戰的勝利，造就今日電腦科技的發展。

圖靈就是一個典型有專業能力，卻常常說錯話、無法好好回應他人的例子。因爲他只針對別人所說的話，表面的意思做解讀，所以常常會錯意，惹毛他身邊的人。好在他自己並不敏感，沒有造成太大的心理負擔，直到他因爲任務需要，才有了動機做改變。

可是，換做是你，因爲「做自己」，不理會他人，而感覺到被疏遠時，你有把握只要讀讀《被討厭的勇氣》，就此覺得人生一片光明，無所畏懼、無愧於心了嗎？還是闔上書，你知道有勇氣很好，但你仍然需要學習具體的能力或技巧，實際處理「討人厭」（或不順心）的狀況。

目的並非討好，而是爲了過一個更圓滿的人生。

當你無法和他人建立關係，取得連線，你想執行的工作，你想完成的夢想，幾乎就不可能實現。**你如何回應這個世界給你的挑戰、他人給你的刺激，才是一點一滴形塑最後結局的過程。**

每一個回應都有可能走向不同的發展，何時該進、何時該退、怎麼說、怎麼回，組合出豐富的可能性，於是生命才有了變化的空間。

這一章，我們花了一點時間，了解「說錯話」，究竟是怎麼一回事，從原本很模糊的害怕、不喜歡，到至少我們知道少了什麼，就容易踩到雷。下一章，會更具體的分享，所謂的「好」是什麼模樣？該怎麼做才算數？

Chapter 2

什麼是好回應？為何你需要學習「讀懂別人的情緒」？

我們之所以不喜歡說錯話，無非有幾個原因：怕尷尬、怕談話戛然中止、怕關係破裂、怕被認爲是沒大腦、沒禮貌的人……。

反過來，當你懂得怎麼樣可以把回應做好，讓對方感覺到你的理解，你就能夠讓這段談話持續下去、氣氛融洽，不論到最後有沒有達成共識，或解決特定問題，至少雙方都覺得能夠暢所欲言，不會因爲話不投機半句多，草草結束對話。

但這些仍然只是把回應做好的表面好處。在人際互動中，唯有你能夠精準、恰如其分的，讓對方感覺到你有好好回應他，你才能贏得對方眞正的尊重與信任。

你知道很多人，卻不等於你認識他，眞正的認識從回應開始。

怎麼說？你可曾有過一些經驗是，透過某些管道聽說過某些人，像是知名企業的CEO、自家公司高層主管、聲名遠播的創作者、底蘊深厚的教育者、光鮮亮麗的藝人或主播……，也許是看過他的演講、專訪、演出，參加過他主持的會議、活動。簡而言之，你知道他，但他不一定知道你，你只聽過他表達自己的看法或經驗，從沒有跟他實際互動過。

這些單方面的訊息，讓你對這個人產生某個印象，可能是嚴肅、霸氣、冷漠、熱情、親切、犀利……，你在心中認爲他是某一類人。直到有一天，你眞的跟對方交談，你所說的話，獲得對方的回應後，你才確定自己先前對他的印象是否正確。

我自己就有過這樣的經驗。私下拜會某個崇拜已久的大師，實際跟他交流，對方的回應卻讓我感覺到拒人於千里之外，和他的公眾形象——寬容大氣，有很大的出入。同樣的，也曾有過原本很懼怕某個長官，覺得他是個很嚴格的人、不苟言笑，但眞正和他共事後，才發現他很幽默、敦厚。

日子一久，經驗多了，我都會很小心自己對某些人的評論，究竟是怎麼建立起來的？訊息來源可不可靠？是我的想像，還是眞實的經歷？

你或許也會好奇，到底哪裡出了錯，讓我們對一個人的認知，前後有這麼大的差異？其實很簡單，當我們只聽過一個人表達，沒有眞實的接觸，所感受的是他的「公眾形象」或「專業表現」。在這樣的情況下，他所說的話是爲了達成某種效果，例如：讓同仁上緊發條、讓觀眾覺得開心、讓議題被重視……，並非針對你而設計。

直到你跟他有了「面對面」的交流，透過他的回應，你才能了解這個人更多的細節與特質，於是這個人在你心中的輪廓才眞正完整起來。你能夠具體說出他是一個怎麼樣的人，而不只有模糊的印象。

所以你仔細區分，當朋友問你對某個人的看法，如果你們沒有眞實的互動過，你會說你「知道」或「聽聞」（hear of）過這個人；唯有你眞的和對方談過話，透過他的「回應」有了實際的感受後，你才會說你「認識」（know）這個人。兩者在關係的緊密度和信任度上是有差距的。

「知道」產生「印象」，但「認識」才有「觀點」。

當你說你認識A，你準備要向朋友描述你對A的評價時，此刻，你的大腦在回憶中所提取的資料，大部分是你跟他交談的片段他留給你什麼感受。這些點點滴滴的累積，形塑出「他在你心中是一個什麼樣子的人」，而不是特定的某件事，或發表的某段談話。

反過來，你在別人眼裡亦是如此。你怎麼回應他人的方式，定位出你在人際地圖上的位置。倘若你的回應，常常惹毛身旁的人，他們不一定會跟你說，卻會在心裡默默地調整和你的距離。或許表面上仍然保持友好，不撕破關係，但你會發現你的訊息或指令很難順利的落實。

因此，好的表達是讓別人知道你，但好的回應才能讓別人配合你，也是建立核心影響力的關鍵。

回應≠回話，你回答了訊息，還是回應了期待？

在談什麼樣的回應才算好之前，我想要先聊聊「回應」和「回話」的差別。所謂的「回話」，你可以理解成只有「回覆對方表面的訊息」；「回應」則是進一步把「**對方的情緒**（**期待**）**考量進來，再做出反應**」。到底差在哪？就拿上一章圖靈和同事的對話爲例。當同事問他：

「要不要和我們一起去吃三明治。」

圖靈接：「我不喜歡吃三明治。」

很明顯的圖靈只有「回話」，單就文字表面訊息，做第一層的理解「要不要吃三明治？」所以他回答「不喜歡」。

但放回脈絡中，圖靈沒有意會到他的同事在講這句話背後，可能懷抱的期待或心情是希望可以拉近關係、表達友善。如果他能懂，並接說：

「謝謝你們**好心**的邀請，我還沒忙完，你們先去吃，別等我了。」

這句話看似沒有回答同事的詢問「要不要吃三明治」，甚至完全沒有提到三明治，卻回應了對方邀請自己參加團體的期待。你猜接續的對話會有什麼不同？

再舉一個例子。你會更了解一個好的回應會比單單只有回話，最終的結果差異有多大。

宜芸經營一家服飾店，口碑不錯，但房東見她生意好，趁機漲房租，宜芸受不了高額的租金壓力，只能另尋店面。眼看搬家的時間所剩不多，宜芸只好請專業的房仲幫忙，好在房仲小張不負請託，很快地就幫她找到適合的空間，地段很好，租金也合理。宜芸很感激小張居中協調，本想等一切塵埃落地，另外再請小張吃頓飯，送個禮物，以答謝他的付出。禮物都挑好了，沒想到一張電費帳單，讓宜芸對小張的觀感完全打壞。

宜芸原本以爲小張已經把先前房客的電費都結清，所以交屋隔幾天，就收到電費帳單時，百思不解的宜芸，打電話給小張：「我收到一張電費帳單，大約一百多塊，我想跟你討論一下。」

「怎麼會?電費我都繳了，妳是不是看錯了。」

「我打電話給電力公司，他們說這是因爲你結清的是當月的費用，但因爲舊電表有基本費，你申請換錶到正式施工，中間有落差，於是有了這個費用產生。」

「這樣啊！反正沒有多少錢，先前房東也幫忙把管理費先繳掉了，這部分就自己吸收，別再去找房東要了。這樣比較簡單。」

聽完這個答覆，宜芸心裡很清楚，這頓飯是不用請了。並不是因爲她氣量小，付不起這筆費用，而是小張的「回話」讓她感覺被「打發」。她不否認小張的建議是一個方法，但這個回答讓宜芸很深刻的感覺到**「沒有錯，但不舒服」**。

小張處理了宜芸提出來的電費問題（**表面訊息**），他的邏輯也合理，禮尚往來、別斤斤計較。但他沒有考量到的是宜芸打這通電話，不只是為了討論費用，她更想要釐清責任的歸屬，以及房仲的服務態度（**底層期待**）。此外，小張還預設了宜芸不想繳，要跟房東請款，更讓宜芸覺得不被尊重。

假使小張有更好的敏感度，能夠在聽完宜芸的訊息後，先回應宜芸的情緒，再提出建議，說不定就有個圓滿的結局。例如：

「抱歉，收到帳單時，您一定很**困惑**，怎麼會這樣（**回應情緒**）。這是我的疏忽，我沒有先告知。您現在希望我怎麼處理會比較好？是我過去拿，再跟房東請款呢？還是如果金額不大，可否麻煩您先處理掉，我再跟房東說一聲。」

其實事情都好處理，可是情緒一下過不去，小事情也會變成大麻煩。宜芸表示電費後來她就自行吸收了，也沒再打電話給小張，告訴他後續的發展，更遑論她自己的感受。然而，讓她覺得比較可惜的是，當有人詢問她是怎麼找到好店面，這地區哪一家房仲比較可信，她都只有笑笑，沒有再主動推薦小張了。

有一句話，我時時拿來警惕自己——**你一定很清楚自己沒有得到什麼，但你不一定知道自己損失什麼**。

就像小張，他可能以爲這次的交易已經結束，也賺到自己該賺的服務費，但他不知道的是，一時的疏忽，卻讓他失去許多潛在的客戶和成交的機會。我猜你也曾碰過類似的經驗，有時我們願意對一個人好、主動付出、聽從對方指揮，不見得是因爲彼此有從屬或雇傭關係，而是在互動時，對方讓我們感覺舒服、有價值。

回話，只是說該說的話；而回應，則是用心把話說好。

談到這邊，你應該已經知道「回應」和「回話」的差別。你可以想一想，自己平時和人互動時，是回應多？還是回話多？當別人只有回話，而沒能接住你的期待，你有什麼感覺？反過來，若有人在你沒說出口，卻能說中你的想法或感受，你又會有什麼反應？

很多人談到溝通，腦中浮現的意識焦點，第一個通常會是「我說了什麼→他又說什麼」。然而，一個眞正懂得傾聽、重視關係的人，所關注的焦點是「他說了什麼↓我怎麼回」。

溝通品質要好，並不是看最後的結果，過程中每一個回應都會導引到不同的方向，你只能修正自己的回應，而無法要求對方改變表達的風格。但只要你回應做的好，你會發現對方接下來說的話，比較容易踏上你想要走的路。

不過，你或許會疑惑什麼叫做回應對方的情緒或期待，我怎麼知道回應的是對方的感受，還是我自己的以爲？

順水推舟，更好控制方向，就是好回應。

這個問題非常好，一個作者或教育者，所提供的方法如果是理論上可行，但操作起來太過複雜，無法用簡單的話說清楚，讓人可以在眞實世界中使用，仍然只能算是紙上談兵，並不務實。

幸運的是，剛開始學習，你只要掌握一個大原則，大抵就能立於不敗之地。之後，本書第二部分會進一步把生活中較常面臨的情緒，濃縮成七大類，並針對每一種不同情緒的回應技巧，做深入的剖析與介紹。如此，能幫助你在進行回應時，更有層次，視情況做最恰當的變化。

在做回應時，最重要的原則，即**讓你的第一句話，先回到對方身上，之後，再談自己的狀態**。

我們實際來看看以下兩種回應，給你什麼樣不同的感受。

假設你是一個計畫要考研究所的人，上網查詢考試科目，發現竟有五大類，洋洋灑灑要讀二十多本教科書，你和兩位朋友分享了這個狀況後，他們分別回：

朋友甲：「我這輩子別想當碩士了。」

朋友乙：「聽起來這需要你很多時間準備。」

乍聽之下，兩種回應都沒有錯，也可能是我們的朋友會說的話。但我想邀請你想一下，當甲和乙說完這兩句話，你接下來可能會怎麼回？哪一種比較容易繼續聊下去？

在甲的案例中，故事有可能會這麼發展，當你說：

「哇！總共要考五科，讀完二十多種教科書ㄟ！」

「我這輩子別想當碩士了。」

「你不想，我想啊！這該怎麼辦啊？」

「不知道，你自己想辦法。」

談話很容易就中斷，因爲沒辦法連線，創造共同性，只能各自表述。此外，甲回應的焦點是先從自己出發，後來才轉到你身上。那換作是乙呢：

「哇！總共要考五科，讀完二十多種教科書ㄟ！」

「聽起來這需要你很多時間準備。」

「對啊！可是我白天還要工作，晚上才能念書，不知道能不能來得及？」

「這樣眞的很辛苦，**你**可以多說一點，**你**一天大概有多少時間可以唸書？」

「下班吃完飯，大概已經八點了。拚一點十二點睡，可能有四小時。」

「喔！這樣比**我**想像中的多了，**我**當年考托福準備時間也很短，但有好的計畫就不會亂。你想聽聽看我的經驗嗎？」

「快點跟我說！」「@#$!^……」

當你說的話，有感覺到被對方接住時，你自然會想要多說一點。反過來，若你感覺對方關注自己更勝於你，你便會想要快點結束對談，不想拿自己的熱臉貼對方的冷屁股。

你可以回想生活中，那些你在心中默默貼上「白目」、「不識相」的人，他們是不是習慣用自己的角度回答別人，無法進行換位思考。而本書前幾章所學的例子，基本上也不脫這個大原則，那些惹毛別人的回應，一開口就都只談論到自己，而沒有別人的存在。

沒有哪句話不能說，問題出在順序。

再者，行爲不會獨立出現，當一個人傾向只關心自己，不僅僅在回應上，讓人覺得說錯話的機率比較高，在處事上，也容易刺傷別人。

美娜和艾莎原本是好姊妹，儘管很多人告訴美娜，跟艾莎一起工作非常吃力，艾莎常常活在自己的世界，不管別人的狀態，美娜都幫艾莎打圓場說：「她只是比較大剌剌，沒什麼壞心眼。」

直到艾莎結婚，美娜因爲被公司抓去出差，不在國內，無法出席艾莎的婚禮。爲了表達自己的祝福，美娜包了一個大紅包，希望艾莎能感受到她的心意。結果，婚禮結束，美娜也出國回來了，卻遲遲沒收到艾莎的任何表示。美娜擔心如果是朋友沒有把禮金送到，或是中途發生什麼意外，讓艾莎誤會她不在乎這段友誼，可就麻煩了。

她特意撥了一通電話給艾莎：「**哈囉，很抱歉沒能出席你的婚禮。我送的紅包，**

你有收到嗎？」

「有，幹嘛包這麼大包，我要怎麼還你，你又不結婚，搞單身。」

聽到這個回話，美娜拿著手機，半晌說不出一個字，她立刻了解身邊的朋友爲何都不喜歡艾莎了。很明顯的，這句話之所以會讓美娜不舒服，原因出在艾莎讓美娜感覺，她只在乎自己將來不好回禮，沒讓美娜覺得自己的心意有被好好珍惜。

美娜原本期待這通電話，艾莎會很開心她這麼重視自己，或是表達謝意。沒想到艾莎渾然未覺自己失言，還責怪美娜造成她的困擾。這份期待和事實的落差，以及情緒的落空，才是整句話發生錯誤的主因，倒不是內容一定有錯。換言之，並非這句話不能說，而是順序的問題。

假使，艾莎能夠先把焦點放在美娜身上：

「有，謝謝你還特地打來詢問，我一忙就忘了回覆你。你的心意我有收到，眞的很感謝。只是你包這麼大包，我會覺得不好意思，**你如果不結婚，我將來怎麼還你**

啊！」

同樣的一段話，順序換一下，聽起來就會比較像是好友打趣。美娜就能順著艾莎的話尾巴，繼續接話，可能是「好朋友，談什麼還不還，這是祝福。」或「我不結婚，但我會過生日啊！」視交情和個人風格不同，反應有所變化。

類似的例子不勝枚舉，很多時候，人們會過度專注話語的內容，鑽研用字遣詞，以爲溝通就是把話說得好聽一點，字詞溫暖、溫柔一些，就算是好溝通。但其實，不同的情緒，你所使用的語詞、語調就不會相同，該板起臉表現威嚴時，就不該輕聲細語。決定對方聽不聽得下去，除了聽得見的口氣、用詞，無形的順序所造成的感受差異，占了更大的比重。

Chapter 3

創造好回應，從「看懂情緒」開始

現在你已經知道「回話」，只是讓對方知道你**「聽見」**他；而「回應」，卻能讓對方感覺到你**「聽懂」**他。但怎麼樣才算是回到對方身上？有沒有可能你覺得你關注的焦點是對方，但他卻覺得沒有被你好好承接呢？

就像女生常常會抱怨男友不解風情，每次回家找伴侶訴苦：「我老闆今天很機車%$#@……」、「你知道那個客戶竟然當場要我道歉$#@!……」。

另一半就會很認眞地提解決方案：「就跟你說，這間公司不能待……」、「你不會直接回嗆客戶，說%$##……」。

按字面的意思，回應者覺得自己的焦點有放在對方身上，可是主述者卻不這麼認爲，反而覺得被下指導棋，沒有被好好理解。究竟錯在哪？讓有情人終成怨偶。

搞定情緒大腦，才有好回應。

原來是沒先搞定情緒大腦，就直接跳到理性大腦要對方採取行動，後果就像你跟朋友說肚子餓，朋友沒先餵飽你，還跟你說要吃飯，得先播種，你當然會氣到不想理他。

但過往大家對情緒的認識，還停留在抽象、模糊、籠統、模稜兩可、不具體、無法標準化……等概念，認爲談情緒是藝術家的專利；一般人，尤其是學有專精的人，不應該太強調情緒。但拜科學進步之賜，大腦核磁造影（fMRI）已經找出人類腦部辨識情緒的區塊，以及量化情緒的方法，最具體且明顯有效的策略，就是以「表情」爲入口。

表情研究是從上個世紀七〇年代開始，祖師爺保羅・艾克曼（Paul Ekman）起初並沒有打算研究情緒和表情之間的關聯，因爲在當年學術界強調實證研究的風氣下，研究情緒就像研究超能力一樣，被認爲是一件怪力亂神的事情。

直到他進入蠻荒地區，研究太平洋熱帶島嶼上，當地未經現代文明洗禮的原住民，發現人類表情有跨文化的共通性。甚至是一出生就失明的兒童，受到情緒刺激時，也會表現出和明眼人一模一樣的表情。這才讓他覺得表情研究並非無稽之談，有其更根本的演化與生理依據。進而發展出一套「面部動作組織系統」（FACS），用客觀的肌肉牽動變化，將每個人的表情分類。

艾克曼教授的研究，開啓了另一扇大門，使人類對情感世界的認識不再只有經驗談。更刺激了精神醫學界在治療心理疾患時，直接從大腦著手，分析那些無法正常適應社會的病患，他們的腦部哪裡出現異常。

而在各類精神與心理障礙中，自閉症（Autism）是最典型無法與人產生社交互動、情緒表達困難、有顯著語言和非語言問題的一種疾患。因此，就算有一些智力正常，甚至有特殊能力的患者，例如瞬間記憶、模仿能力、數理計算，卻因爲社交能力不足，無法融入團體，使得他們的才華難以好好發揮。

科學家爲了理解自閉症患者，設計了許多實驗，探討究竟腦部哪一個區塊出現問題，才會讓他們無法解讀外界的訊息，活在自己的世界中。透過精密的掃瞄與分析，研究者發現自閉症的兒童，在辨識人臉時，很少會把目光停留在眼睛周圍（主要社交線索的來源）。此外，他們大腦掌管臉部辨識的梭狀回區（fusiform gyrus）活化非常低。

我們之所以可以透過辨識他人臉孔，知道眼前這位女性，到底是母親、配偶還是女兒，便是透過「梭狀回面孔區」（fusiform face area, FFA）的運作才能確認，失去這項功能就是「臉盲症」的患者。

也就是說，無論你是不是自閉症患者，只要你的梭狀回活化的程度越低，在與人互動時，你就越不知道別人臉上的表情代表什麼意思。同時，杏仁核（負責處理情緒）的緊張，也會提升人的恐懼與焦慮表現，使行爲失去彈性，無法靈敏的做出反應。

美國威斯康辛大學心理學與精神醫學教授理查・戴維森（Richard J. Davidson），經過長期的追蹤研究，發現那些缺乏社會直覺，俗稱極端白目的人，他們的大腦型態和自閉症患者十分接近，都是梭狀回活化不足，以及杏仁核過度反應。

相反地，梭狀回若高度活化，搭配中低活化程度的杏仁核，都是在社會團體中，很能接收到微弱社交信號的人，簡稱敏感度很高的人。

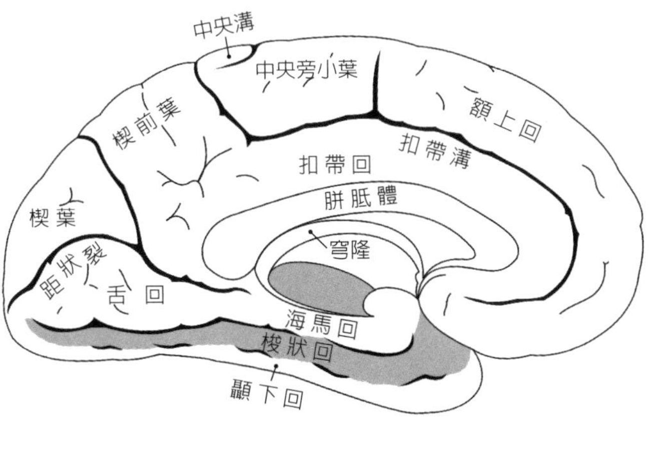

要會看人「目色」——阿嬤哲學永不褪色

好的，Discovery頻道到此結束，我答應你，接下來不會再出現饒舌的專有名詞。但爲何我需要在逐一介紹不同的回應技巧前，先談談情緒與表情？

多年的教學經驗，讓我有機會接觸到許多在人際互動上，表現很流暢與有困難的人們。無論是哪一個向度，當他們在談論溝通表達時，大多都是以自己的經驗出場，陳述自己爲何做得好與壞。然而我發現這樣的討論方式，很容易流於主觀偏見與天分傾向。

以至於表現好的人，能夠靠一點聰明與反應快，便能在人際互動中感覺得心應手，受到一定程度的歡迎與喜愛。但若要再更進一步提升自己的社會直覺，不僅僅是讓人喜歡，並增加在團體中的份量感，贏得更深層的尊重，他們就顯得黔驢技窮。

而那些在關係中，較吃不開、受挫經驗多的人，也會因爲歸因於天分問題，而放棄努力，不相信透過系統性的學習，仍然有機會塑造屬於自己的社交風格。你不需要是那個話最多的人，但你可以透過掌握關鍵，讓自己一開口就會讓人想要繼續聽下去。

一如電影《高年級實習生》（*The Intern*）的男主角班傑明（勞勃・狄尼洛飾），從起初不被看好，到最後贏得老闆和同事們的信任，成為公司不可或缺的心靈顧問。如果你仔細分析班傑明在片中的每一個回應，你會發現他在開口前，一定會先觀察旁人的表情，然後才緩緩做出回應，且焦點幾乎都先放在對方身上，才慢慢轉到自己的論點，絕對不會一開始就單刀直入，劈哩啪啦講個不停。

同時，一察覺到異狀（對方皺眉或驚訝），他接著就會修正或補充自己的想法。他不是那個話最多、最主動發言的人，但你的目光就是離不開他。

看懂情緒，並非繞路，我希望大家能透過打開眼睛、看清楚對方的表情後，再好好說話，減少誤會發生的機率。然而，這個道理，你阿嬤可能早就告訴你，做人眼睛要放亮一點，要懂得看人「目色」（台語），才能平步青雲，何必再出一本書解釋呢?!難怪有人嘲諷，科學研究就是把阿嬤都知道的事情，用很複雜的方式說出來，讓人頭昏眼花，以為這樣是與眾不同。

其實這話只對了一半，有些事情我們知其然，但透過知其所以然，就能夠讓抽象的觀念模組化，變成具體可操作的方法。最後的目的也許都是相同的，期望有更融洽的人際關係、更圓滿的人生，但若能透過更有效率的方法達成，縮短經驗傳承的落差，就能夠把省下來的時間與挫敗感，轉換成實際行動。而不會停留在「都知道，卻做不到」的矛盾中。

此外，好消息是當代的科學研究，已經發現大腦神經是有可塑性的，用對方法，大腦也能回春。以前我們可能會覺得先天氣質會跟著一個人一輩子，所以害羞的孩子終其一生在團體中都會比較退縮、活動力低。但現在已經有許多報告顯示，透過有意識的練習與刺激，大腦的結構是會改變的，活化型態的調整不只會發生在童年，也會持續到成人期。當一個孩子藉由適度的引導，能夠學會辨識他人的情緒反應，並遵循一定的反應模式，他就能夠從內向焦慮的狀態，慢慢培養出活潑開朗的個性。

同樣的，即使是已經進入成年期的你，只要能在迷霧中知道要沿著什麼線索，就能夠順著陡峭的懸崖，一步步安全地往下垂降。你就不會覺得每次和人互動，壓力大到像跳水般，碰的一聲，就垂直進入水面，激起一大片水花，搞得自己渾身濕漉漉。

當你知道如何透過看懂表情，分辨對方的情緒，你就能夠得到較多的社交訊息。藉由掌握這些資料，判斷下一句話該怎麼回會比較適當，減少自己說錯話的機會，進一步就能夠贏得對方的信賴，讓工作更有效率、關係更和諧。

說一套，做一套，越難談的事，越要當面說。

不過，身為人際溝通的傳教士，我也想要表達一下，對於時下智慧型手機和通訊軟體氾濫的憂慮。我知道有些朋友之所以會選擇躲在螢幕之後，希望透過文字就把自己的意思傳遞清楚，能夠越少直接互動越好，因為當面談壓力很大。但其實這樣的溝通方式，不見得眞的能為你省下時間，更遑論達成目的。

畢竟通訊軟體的設計，讓我們看不到對方的臉，因此，我們常常只專注在把訊息丟出去，卻忘了花一點心思去照顧對方的感受。覺得只要表達清楚，對方就應該能夠理解並配合。卻忽略了人不是機器，並非你一個指令，他就會有相對應的行動。

換個位置，若是你收到一封辭職信、一則晚歸的簡訊、一通取消活動的Line，你會有什麼心情？如果是一通誠懇的電話，或一次專程的會談，雖然不一定能改變結果，但藉由對方的回應，讓你覺得自己的情緒有被好好理解，整體來說是不是更理想？

爲了增加你的信心，我來分享一個上世紀，大約是一九二〇～三〇年間的社會學實驗，你就會知道我所言不假！

美國史丹佛大學的社會學家拉皮爾，曾帶著一對年輕的亞裔夫妻，走訪一座小鎮，這個小鎮的特色就是「歧視東方人」。這在二次世界大戰之前的美國，是很普遍的現象。

拉皮爾懷抱著可能被拒絕的窘境，陪著這對亞裔夫妻到鎮上最頂級的旅館投宿。但令人意外的是，他們沒有受到任何刁難，接待人員毫不遲疑地接受了亞裔夫妻的投宿。

大約兩個月後，拉皮爾又到了同一小鎮，這次他先打電話到旅館，說明「有位非常重要的華人紳士」會造訪，可否投宿在他們那裡。可惜這回，接待人員竟然毫不遲疑地，就在電話中拒絕了他。

這是怎麼回事？

同樣都是華人，爲何走到接待人員面前，對方就願意接待？但透過電話，比較間接的途徑，卻直接拒絕呢？

這引發了拉皮爾的好奇，開始進行一連串的實驗。

他進行了二百五十一次的嘗試（包含一百八十四家餐廳和六十七家旅館。他先跟亞裔夫妻「直接」造訪旅館或餐廳，而且都選擇對東方人敵意很高的區域。接著在造訪的六個月後，寄一封信到這些地方，信中問：「你們是否願意接待華人顧客？」

猜猜，得到的回信是什麼？

有百分之九十一的旅館及百分之九十二的餐廳都表示拒絕，證明歧視是存在的。但在獲得這些回覆的前六個月，那二百五十一次的直接造訪，有幾次被拒絕呢？

答案是「一次」。

你沒看錯，就只有「一次」！而且那一次是他們在一座很簡陋的汽車營地，並且開著一台很爛的車。

透過這個實驗，社會學家得到一個結論，即：若想了解人們在特定情景中的行爲，透過文字是有致命缺陷的。

這中間到底發生了什麼事情，爲什麼會有這麼巨大的差異呢？原因很簡單，一個人有負面的情緒與態度，跟他要「展現」出負面的行爲，這是有區別的。

一段文字，可以表達出一個人，在面對某種情境時的想法，但是不等於他在眞實的狀況下，會表現同樣的行爲。一個人的反應，遠遠大過於他所能描述的極限。因此，才有所謂的「說一套，做一套」。

也就是說，在我們還無法改變這些情緒與態度前，起碼可以先控制它們「展現」的程度。就像這個實驗所呈現，即使一個你厭惡的人在你面前，多數時候你會不好意思展現得太機車。同樣的，回到你我的身上，你會發現有時眞正讓你生氣的，不一定是那件事情本身，而是對方回應你的方法與過程。

智慧型手機對演化最大的傷害就是，你在我面前，我卻得先讀你發來的訊息。其實，人並不複雜，只要你懂得掌握核心的關鍵，你就會發現有時一次會面能收集到的訊息，會比一來一往的文字對話來得更有效率。於是你就有了更多選擇的工具，不會過度依賴某種溝通方式，而讓自己錯失讓關係更緊密的機會。

記得，溝通管道不論是見面、電話、信件，還是簡訊，這些都只是手段，目的是要達到良好的互動與共識。千萬別把手段當目的，忘了最初自己眞正想要的是什麼。以終爲始，才能判斷哪一種方法是最適合當下使用。

Chapter 4

是什麼阻礙了你做出好回應？

要讓對方喜歡你，並不是做一個應聲蟲，對方說什麼都好，你還是可以有自己的看法和喜惡，但你的說法得讓對方「聽得進去」並覺得「舒服」（情緒上沒有覺得被挑戰或否定），你眞正想說的話，才能取得通行證，順利傳達到大腦的理智區，不會因爲一時情緒的干擾，自動被屏蔽或消音。

情緒就像是大腦的守門員，要讓對方感覺安全沒有威脅性，才能得到對方的合作，進而爭取到對方的耳朵，聽你往下說。

你一定有過跟家人朋友表達對某件事情的擔憂或感受，可是對方卻直接回你：

「這有什麼好生氣的，把老闆吩咐的做好不就得了。」

「別難過了，再買一個就好了。」

「都幾歲人了，哭什麼哭。」

「這麼一點小事，你也能開心成這樣。你鄉下來的嗎？」

「怕什麼？只是要你上台報告五分鐘，又不是五個小時。」

聽完這類的回答，你是不是就不想再跟對方聊下去，覺得對方無法了解你，乾脆就不說了。這時，你千萬別覺得自己脾氣壞、修養差，沒辦法跟人好好相處。其實，這是你內在自動開啓的防護機制，保護你的人格不受到扭曲。

否定情緒＝否定存在價值

仔細分析這些話之所以刺耳，有一個共通性是：否定你的情緒，認爲你的情緒是多餘的，甚至是錯誤的。

然而，**事情的邏輯有所謂優劣，但情緒的反應無所謂對錯**。這一點一定要分清楚，否則你會以爲自己是就事論事，卻不小心踩了人家的地雷。

遭逢劇變時，有些人會哭天搶地、痛哭流涕，有些人則會異常安靜、面無表情。你不能說那個看起來比較「平靜」的人，就是不關心、不在意。情緒的反應通常和過去經驗有關，也是我們個性的一部分。當有人用自己處理情緒的標準放在你身上時，就好像他逼著你，穿上跟他一模一樣的衣服，不考慮你們身形的差異、尺寸的大小，你會下意識地想要反抗。

此外，情緒也是我們塑造自我價値感的主要成分。當你還是個嬰兒或孩子時，由於你無法確認自己的價値，所以你需要從身旁照顧者的回饋來做判斷。不論你表達的是開心、憤怒、害怕，還是難過，照顧者若展現出接納、包容的態度，你會覺得自己是有價値的；反之，若對方採取拒絕、忽略的狀態，你就會對自己的存在感到質疑。

長期累積下來，那些經常被批評、嫌棄、冷漠的孩子，會認定自己是不値得被珍惜和尊重的。很容易因爲旁人的一句話或一個眼神，影響了自己的心情與看法，沒辦法有穩定的自信與界限。相對的，一個在正常環境中長大的孩子，他的自我概念會逐步從外在回應轉變成內在評估，能夠自己判斷出是非對錯，不會過度依賴他人的回應。

也就是說，一個心理健康的人，當他的情緒被否定時，大腦會立即發出警報，偵測到這個環境是危險的，下一刻要不是打就是逃（出言反擊或相應不理）。傻傻地留在原地，不做任何反應，則是因爲不曉得到底該以誰的感受爲依歸，而陷入混亂，無法動彈。因此，我們在和他人互動時，最差勁且一定不能做的回應，便是否定對方的情緒。

不過，你一定經常聽見以下這類安慰：「不要生氣」、「不要難過」、「不要哭」、「不要垂頭喪氣」、「不要怕」……等，說不定你自己也曾說過類似的話。**特別是在對方的情緒當下，我們不知道該怎麼處理時，就會想要透過消滅眼前不舒服的感受，希望對方可以馬上好起來，讓自己能夠全身而退。**

但眞的有用嗎？對方會因爲你告訴他「不要難過」，就立刻停止哭泣，笑逐顏開嗎？如果不會，是什麼原因讓我們持續做這種無效的回應，而沒有思考其他的方法呢？

你可以回想一下，這種對待情緒的方式是源自於何處？在我的實務經驗中，很多時候是來自於家庭的習慣，當你的情緒不曾被重視，長大後，你對他人的感受也會比較不敏感。但這麼說並不是要你責怪父母，沒有好好對待你；眞要追本溯源，你會發現爸媽也有不得已的苦衷，他們某種程度是加害者，也是受害者。所以眞正重要的，不是找代罪羔羊，而是承擔起我們應有的責任，讓這種無效的回應習慣到此結束。

記得，**情緒是無法被消除的，它只能透過承接，慢慢地淡去**。

當你知道不同的情緒，各有其因應之道後，你就不會因爲手足無措，而選擇將它除之而後快，但斬草不除根，只會衍生出更多的問題。

阻擋你好好回應的三大障礙

除了成長經驗會影響到我們回應的品質外，還有另外三種比較具體的因素（近期），也會影響你做出好回應。而通常這類情況，只要你多留心，很容易察覺並事先做出防範。

【障礙1】生理不適

顧名思義是和身體有關的狀況。若想要好好的回應他人，你需要的不只是語言能力，還有一個更大的前提是：**體力和專注力**，才能夠聽出對方沒說出口的期待和情緒，這需要一點時間醞釀。太著急，就會像燒開水，鍋蓋掀太多次，水就不容易滾；同樣的，互動時，分心太多回，人就不容易熟。有哪些因素會影響到我們專心的程度呢？

◆意志力存量

如果你今天從早到晚都安排了會議，你會發現大概連續開到第三場會議，你就會開始口不擇言、心口不一，想說的話和眞正說出口的，有落差。並不是你的口語能力突然喪失，這個訊號是在提醒你：你快沒力了，需要休息一下。

意志力並非源源不絕的能量，你可以把它想像成一個電池，早上起床能量滿滿，隨著處理的事務越來越多，會慢慢消耗掉存量。工作一整天後，晚上回家可能正是電量最低的時候，很難再打起精神，聽懂對方的言下之意。所以你會發現家人間的溝通，通常是最困難的，因爲我們把最好的狀態都給了別人，留下最疲憊的身軀給親近的人。

◆身體狀態

舉凡疾病、受傷、身體機能的障礙，如視障、聽障等，廣義的病痛都算是。生病時，會因爲疼痛，耗損大量的意志力。我自己長期因爲過敏體質，只要一發作，就無法好好跟人連線，只能專心照顧自己的身體，盡快恢復健康。面對這樣的情況，除了找專業醫師治療，平常保持運動的習慣，維持良好的抵抗力，也是非常重要的。

◆**物理條件**

此外，餓了、渴了、衣服太緊、環境太吵、空間太擠、太冷、太熱……等因素，也會影響你身體的舒適度，使你無法把注意力全然的放在對方身上，得分心過濾周遭的干擾。

第一眼發現阿宏時，覺得他是一個開朗的大男孩，總是笑臉迎人。但近距離互動，卻發現他對於我說的話，回應很少，甚至不太連線。剛開始我以爲阿宏是因爲害羞，可是看他和好朋友互動時，卻很放得開、很能暢所欲言，只有在面對新朋友的時候，才會比較安靜。這中間的落差，難免會引起人許多聯想，一不小心就往負面的地方去了。

直到上了幾堂課，見面次數多了，我把心中的小疑問當面提出來跟阿宏討論。阿宏才有點不好意思的說，是因爲他小時候生病，造成左耳聽力受損，所以他跟人互動時，會喜歡把人擺在右邊，這樣他才能聽清楚。只是有時候，還來不及調整位置，對方就開始說話，他收到的訊號斷斷續續，沒辦法理解，只好透過笑來掩飾自己的疑惑。而好朋友之所以不構成問題，是因爲他們都知道阿宏的困難，講話時會比較大聲，或者放慢速度，讓阿宏來得及跟上。

了解這個狀況後，我跟阿宏說，如果可以，他也願意的話，可以透過**「預先出場」**的技巧，減少誤會發生的機率。即在談話初期，先表達自己的狀況，讓對方知道如果接下來出現什麼情況，該如何理解，不會因爲模糊或矛盾，而歸因是自己或對方有問題。

就像我自己在過敏發作的時候，會不自主地吸鼻子，這個動作所牽動的肌肉和厭惡的表情很像。因此，如果當時我必須要和人交談，甚至講課，我都會事先告知在場的人，我今天的狀況。**目的不是要取得對方的同情，而是讓他不需要一直合理化我奇怪的動作**。尤其是不明顯的嘴破、頭疼，更要留意自己的表現，會不會造成對方錯誤的印象。

【障礙2】心理不滿

談完了身體，接著向內走，談談心理因素，這也是坊間很多身心靈書籍喜歡探討的主題。因爲心理的狀況會很直接地影響我們，對世界的理解和詮釋，進而衍生出不同的反應。

◆抗拒與恐懼

當我們對某件事情是排斥或拒絕時，就不會花時間和力氣去理解它，取而代之的是用一個個標籤，讓自己可以置身事外、保持距離。就像自有人類以來，就有歧視存在，不論是種族、膚色、性別、性取向、宗教……等，不計其數。

所謂的歧視，就是有分別，好像是彼此站在河的兩端，中間是湍急的水流，阻隔了彼此的靠近。而陌生帶來恐懼，讓人感到害怕，不知該如何是好時，我們就會把對方當成是一個物品對待，而非眞正的人。歷史上很多的屠殺與戰爭，都是因爲兩方的人馬，停止彼此了解而造成。

時間拉回來一點。在台灣，早期精神疾患還不受大家重視以前，很多有憂鬱症的當事人都不敢求助，擔心會被貼上標籤。身旁的人也因爲不了解，不知道該如何對待他們，總是一股腦地要他們「快點好起來」、「出去走一走」、「你已經很幸福了，很多人比你慘」……等不經意的話，讓他們更無力、挫折。

◆信念與成見

你可以把信念想像成一種電腦程式，只要遇到某種狀況就會自動執行。譬如說在網路上，你一定看過某些網友的留言，總是以陰謀論或受害者心態，解讀所有的事物，讓人感覺很不舒服。

或是有些主管或老闆，對人的信任感比較低，會認爲員工都是愛摸魚、打混的，以至於他在跟人互動時，所做的回應都帶有攻擊性。甚或是一般的生活情境，你在購物、消費時，你怎麼跟人交談也會反應你內心的狀態。那種常常把「算我便宜一點，反正你已經賺這麼多」掛在嘴邊的人，傾向透過剝削別人來建立自己的滿足感，於是他在回應時，就會把對方塑造成壞人，把自己假扮成受害者。殊不知，眞正需要被同情的人，是一直得服務他的人。

記得有一陣子網路流行「一句話惹毛……（某個行業）的人」，例如：工程師最討厭聽到「這很簡單，改一下就好了」、老師被說「眞好，有寒暑假，還能準時下班」、翻譯者被問「這個英文是什麼意思啊？」、心理醫生被認爲「你一定知道我在想什麼喔！」……。仔細分析這些句子，你會發現裡頭充滿了許多偏見，不假思索的就用自己的以爲推論對方，也容易造成對方的反感。

◆內外在習慣

另外，有些我們不經意養成的口頭禪或回話模式，也會造成人際間的磨擦。先前有一則新聞，前富士康董事長郭台銘先生巡視廠區時，看到有兩名員工在餐廳外抽菸，他好心上前提醒，沒想到這兩個人頭也沒抬，就嗆說：「你誰啊？關你什麼事！」這個反應，讓郭先生氣得飆罵：「他（一旁的主管）不修理你，我修理你！我們富士康不要這種員工！」你一定猜得到這兩個人的下場。

你可能會想，這兩個傢伙也太扯了，難道不認識自己的老闆嗎？有可能他們知道郭董，只是他們太熟悉這樣的回應，於是在眼睛認出老闆前，嘴巴先說了不該說的話，但也可能他們眞的不認得郭董。無論是哪一種，眞正影響他們脫口而出如此不適當的話，仍舊是「習慣」二字。

因此，**有意識的察覺自己的表述習慣，是做出「好回應」的重要起點。**

只要你心中還在乎別人，你所做的表達都含有回應的成分。

【障礙3】準備不足

最後一個影響回應的因素是準備度。這一點經常會被忽略，不少人會把別人的好回應，解釋爲「反應快」、「口才好」。但其實，這些都只是表象，在你看不見的水面下，他們的雙腳沒有停止擺動過。

即便是看似最單向的表達，例如演講、簡報、會議報告，只要你心中還在乎別人，你所做的表達都含有回應的成分。不論是事前資料的收集、在場觀眾的背景、個人身分角色的拿捏……無一不是在心中，反覆模擬數十次後，才能端上桌。而在演練的過程中，你腦中會有一個假想的訴說對象，不一定是某個特定的人物，更多時候是一種情境或狀態。只要你一直掛著這份在意，你所說的話、做的創作、寫的文字，就會勾起對方心中某種共鳴，覺得有被你理解到。

以我的工作爲例，很多人以爲反正課綱是固定的，對我來說，講課應該是一件很輕鬆的事。但老實說，你要判斷一個老師用不用功、認不認眞，重要的不是他設定好的內容，而是要看他怎麼處理現場的提問，也就是Q＆A時間。

因爲這個部分，你無法事前預備，但也不能不準備。更多時候，是你平時的功力，不管是透過閱讀、實務工作，還是生命的反思，慢慢累積而成。**當你懂得在每一件事情上，都能看見人的位置，基本上你就能做到初步的連線，並隨著時間的歷練，你所做的回應會變得很有層次和深度**。

此外，在面對他人的挑戰或質疑時（懷疑你的專業、能力，甚或是品格），我們之所以第一時間會語塞，回不出話來，大多是因爲你沒想過，有人眞的會當面說出這樣的話來；或是已經有人這麼說過，可是你因爲恐懼、憤怒，而不願意好好面對，以至於你讓自己停留在被動的狀態，無法回擊。

好回應，不等於當濫好人，面對他人的攻擊，依舊要自己保持笑容，這是你對自

己情緒的忽視與否認。我們不需要追求每個人都要喜歡我們，況且俗語說：「人不遭妒是庸才。」某種程度受到挑戰，證明你在對方心中仍算是一個「咖」。但怎麼樣把對方投來的直球，打成全壘打？就是你得費心思的地方。

本書的第二部，會和大家分享如何透過不同的回應策略：

- **讓快樂得到深化**
- **讓驚訝得到澄清**
- **讓輕蔑能夠面對**
- **讓厭惡能夠轉化**
- **讓憤怒可以稀釋**
- **讓恐懼可以放慢**
- **讓悲傷獲得陪伴**

最重要的是，這些方法都是依據對方提供的素材做反應，你並不需要無中生有，只需要花一點心思找出支點，就能夠四兩撥千斤，力不外露。

重點整理

- 我們與世界的交流，小至一個招呼、一則Line或FB的留言，大到面試、會議、簡報，每個回應都攸關你在他人心中的印象，以及當下談話的情緒。
- 看懂情緒，就能穿越表面的文字迷宮，直指核心，掌握真正的關鍵，做出恰如其分的反應，無論面對何種場合，都能輕鬆對談。
- 回應≠回話，回話只是說該說的話，回應則是用心把話說好。好的回應可以讓別人配合你，也是建立核心影響力的關鍵。

Part 2

解讀七大情緒，培養人際回應力

現在你已經知道好的「回應」是把「對方的情緒考量進來，再做出反應」。**強調的是以靜制動，看清楚對方的狀態後，再適時反應**。若粗略的以攻守兩種態勢區分，回應力的培養比較著重在防守，而非主動進攻。

過去，我們在學習溝通表達時，傾向從西方世界取經，欣賞他們能夠侃侃而談、辯才無礙。這讓不少人願意投資自己或孩子的口條訓練，期待有朝一日，面對任何議題都能單刀直入，暢所欲言。不過，由於西方文化重視個人主義，因此，他們在人際的互動中，強調把話說得有條理，邏輯要清楚明白，讓人知道你思考的過程，尊重每個人有發言的權利，可以各自表述，無須一定要有交集，也不會覺得有損情分，需要照顧對方的面子。當整個文化的人，大部分都能夠接受這樣的思維，使用上就不會有太大的困難。

但同樣的思維放在一個較注重關係取向的文化，就很容易產生衝突。一如日本文化，非常強調「讀空氣」的能力，也就是能夠察顏觀色、聽出弦外之音，以及心照不宣的技巧。如果有一個人莽莽撞撞地說出自己的觀點，沒有先觀察環境的氛圍，很容易被貼上「白目」、「不識大體」的標籤，這在日本職場是一大忌諱。

回到台灣，也許不像日本人得擁有高超的「讀空氣」能力，但倫理、長幼、尊卑的觀念仍然深植於人心，小時候我們一定都被提醒過「囝仔人有耳無嘴」（台語）、「飯可以多吃，話不能亂講」……等。相較於西方的直言不諱，我們更強調謹言愼行。無所謂對錯，得視風土民情做調整，假使直接複製西方的作法，到我們的文化中，很容易就產生水土不服的情況。

忠言「逆耳」？聽得「順」，好想法才會被採用。

益安是中小企業的第二代，父母早早就爲他規畫接班路線，國中一畢業就出國當個小留學生，直到拿到學位才回台灣。和許多在家族企業工作的小開一樣，最令他頭痛的不是部屬管理或客戶經營的問題，而是他怎麼跟還掌握經營權的國王，也就是老爸溝通。每次父子見面，常常是講沒兩句就不歡而散。

就拿更換機組設備爲例，在國外看過許多先進自動化設備的益安，知道公司的機器如果再不汰換，會跟不上時代的潮流，許多訂單會被搶走。可是更換機組，並不只是停工、花錢買新機器，就能結案了，還牽涉到老員工的重新訓練，才能讓機器順利運作。假使眞的應付不來，得考慮優退或協助轉職，無法再當第一線的操作員。

這一點讓益安的父親非常爲難，因此遲遲不肯答應預算。但求好心切的益安，不放棄，再度私下尋求父親的同意，希望能說服父親採購新機器。坐在客廳，父親安靜的聽完益安滔滔不絕的遠景和夢想後，淡淡問：「那老員工，你打算怎麼安排，畢竟人家也跟著我們十多年？」

發現父親似乎有些鬆動，見獵心喜的益安馬上回：「這一點，我已經請人事部安排一場訓練，通過考核的人就可以繼續留下來工作，如果學習效果不佳，就看看他們願不願意退下來當送貨員，因爲新機器上線後，產量會增加，物流部會缺人，但收入只有操作員的三分之二。不同意，就只能資遣。這個年代已經沒辦法有終生保固了，員工不能要求公司要養他們一輩子，各憑本事。」

益安講得慷慨激昂，父親卻一臉鐵青，冷冷地回了一句：「你小時候，考個零分回來，我有不給你吃飯、不養你嗎？」

聽到父親的回答，益安覺得莫名其妙，試圖想讓父親搞清楚，兩者是不同的事情：「爸，這一碼歸一碼吧！親情怎麼拿來跟工作相提並論，這樣邏輯上說不過去。」「我說過得去，就過得去。你想不出個好方法，就不用買機器。」起身直接走回書房。氣得益安大罵父親食古不化、固執不通。父子關係又降到冰點。

來到我面前，益安一直抱怨父親腦筋不靈光，跟不上時代。要他回家裡幫忙，又不給他實權，處處掣肘，解釋了又不聽，分明就是要跟他作對。可是他真要出去工作，父親又不放人，他實在無計可施。

聽完益安的苦水，我明白整件事情，最核心的關鍵是**文化代溝**。益安在國外學到的有話直說、有條不紊，在那樣的環境可以幫助他獲得掌聲。可是放回自己的祖國卻是捉襟見肘，不是他的回答有錯，而是他沒有先搞懂父親真正的在乎。

換句話說，光停留在該說什麼是無效的。我必須讓益安明白，有時「**講對的答案，沒有用，你得先講順耳的話，得到對方的信任後，才說出自己的觀點**」。就像本書第一部房仲小張的例子，只回答表面訊息，很容易陷入「沒有錯，但不舒服」的泥沼中，搞得自己裡外不是人。

假使益安可以多一分敏感度，看得出來父親在提問時，臉上那一閃而逝的悲傷，透過適當的回應，先讓這份沉重的情緒得到落地，再提出公司期待的作法。也許不一定可以馬上得到父親的首肯，但至少可以化解掉父親心中部分的擔憂，讓他了解兒子知道自己在乎的點在哪裡，這部分會謹慎處理。幾次下來，他的反對力道就會降低。益安愈想一步到位，設計一個萬無一失的說詞，就愈容易引起父親的抗拒。

別只在乎「說得對」！好的回應力，幫你提升溝通內功。

打個比方，你會更了解溝通時，專注「表面意思的傳達」和「隱含意圖的回應」有何不同。

武術有分成「外家拳」和「內家拳」。大致說來，外家拳重視「力量」和「速度」，如何更快的出拳、更強的踢腿、更高的跳躍……等等，有比較具體的招式與技巧。由於套路清楚，初學者會感覺到有依歸、易上手，練起來也會比較有成就感。而西方的拳擊（Box），就比較接近外家拳，強調猛烈的進攻和擊退。

也如同西方的表達風格，會把比較多的心思放在「說什麼」，每句話要怎麼說才漂亮、犀利、拳拳到肉，因應而生的就是許多的話術、步驟。和這樣的人說話，就像在擂台上過招，他追求的是如何快速把對手K.O.（擊倒），畢竟在拳擊場上要勝出，靠的是有效打擊，太抽象的感受，不是他關心的焦點。

但速度和力量終究是有極限的，特別是加上年齡的考量。於是有了另一種觀點，強調「力的運用」更勝於「力道」，也就是所謂的內家拳。不過度追求力量和速度，把重點放在力量的轉化與調整，一如大家熟悉的太極拳。表面看起來平凡無奇，但一交手，深藏的**勁道**卻可以把對手震飛，自己卻不動如山。看不見、摸不著，卻感覺得到。

這比較像東方人的溝通，有些話只會點到為止，說破了，就傷了感情，而且也就不美了。也好比中國的繪畫，相較於工整的臨摹，我們更重視意境的傳遞。培養好的回應力，就像是取法於內家拳的精神，**當你能夠站穩自己的立場，巧妙地轉移對方的重心，引導對方跳出既有的框架，你就能化解對方的攻勢**，卻不會造成具體的傷害，維持一貫地內斂與沉穩，無須隨之起舞或近身肉搏。

兩者無所謂對錯，而是視情況使用，不同的關係、場合，就得用不同的策略。有時，你需要力量為自己的論點奮戰，一記有力的直拳，就能夠達到嚇阻的作用；但有時，你需要柔軟地承接對方的感受，一個漂亮的迴旋，就能夠化干戈為玉帛。

四大回應力，讓你說得少，更有效。

東西方各有其智慧，這本書融合西方情緒分類和辨識方法，加上東方對關係深刻的理解和著墨，把七大情緒分成三大項以及一個統合的策略，分別是：

◆借力——讓正面的情緒，形成美好的循環（快樂與驚訝）
◆使力——讓挑戰的情緒，變成尊重的跳板（輕蔑與厭惡）
◆卸力——讓沉重的情緒，獲得完美的落地（悲傷、恐懼和憤怒）
◆合力——透過心理位移，看見新的可能性

馬步蹲好了嗎？就讓我們一起輕鬆對談吧！

借力

讓正面的情緒，形成美好的循環

透過你的存在，
讓正面情緒的邊際效應，愈來愈大、愈談愈多。
好的回應，不僅連結了彼此的關係，
更加深了對方的信心，
穿過你的眼睛，見證他的美好。

Chapter 5

如何回應快樂的情緒

——深化

傳統的溝通書一定會告訴你，要創造好感受，就得學會稱讚人，透過讚美讓對方有快樂的感覺，確實這是一個簡單可以創造連結的入口。但當這個方法變成一種制式的表現，對方一見到你就誇獎「你好帥」、「你好棒」、「你好優秀」、「眞是好用心喔」……等，雖然你能感受到對方的善意，但是不是同時也會有一種假假、不眞實的感覺，沒有專屬感？

此外，也有不少人在面對他人的正面情緒時，不顧對方表現出來的狀態是雀躍、高興、輕鬆，就隨興的接話，絲毫不在乎自己的回應，究竟是讓對方感覺被接納，還是直接潑對方一桶冷水？

想想，當有人告訴你以下這些話時，你第一時間會怎麼反應（你可以註記在書的空白處，等等再一一檢核，你有沒有不小心就說錯話了）：

我中獎了！

台東眞是度假的好地方。

我升官了！

我準備出書了！

這是我昨天趁打折，買到的衣服，我先前就留意很久了，但怕貴。

年度評鑑終於結束了，我再也不用趕報告了！

不論你習慣怎麼回應，你有沒有發現在這些談話中，每一句話都沒有**情緒用詞**，卻都藏有**情緒的意念**。像是（從右到左）：開心或驚喜、舒服或享受、興奮或驕傲、期待或忐忑、成就感或滿足、輕鬆或解脫。

其實我們說的每一句話，背後都會牽動某個情緒狀態，但我們不一定會察覺到，更遑論精準的表達出來。但身體卻很誠實，會在臉部有相對應的變化。當你能辨識出對方心中的感受，透過你的語言反應出來，或是依循著那個情緒適合的對待方法，把球投回去，就能夠創造你們彼此之間良好的連線與互動。而不會因爲漏接或暴投，讓關係變了調。

快樂需要得到「深化」。

要做出好回應，得先從臉部表情的辨識開始。快樂的情緒，眼睛是首要觀察重點：

✓嘴角上提，牽動眼部和嘴部的肌肉。
✓眼角出現皺褶
✓嘴角上揚（或張開）

兩張相片對照一下，你可以很明顯的看得出來，左邊的嘴角略略上揚，但右邊的卻只是往水平方向移動。真正的開心還是勉強的苦笑，情緒成分是不同的。當你看到朋友站在舞

快樂（右）

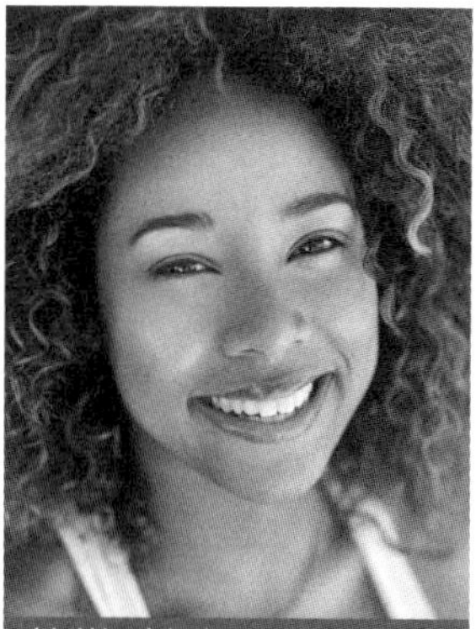
快樂（左）

台上，被主持人訪問，卻出現右邊的表情，等他下台後，你千萬不要傻呼呼的跑去跟他說：「剛剛的橋段真好笑，你有當諧星的潛力！」有很大的機率，朋友會覺得主持人的表現是挖苦人的嘲諷，而不是幽默。

另外，值得一提的是，沒有呈現「完整」的快樂表情（眼角沒有皺褶），並非「不快樂」或負面情緒，可能只是「社交需要」，或其他的次情緒或「衍生情緒」，例如：滿足、輕鬆、成就感、期待或分享等。

判斷出對方是正面的感受後，接著你可以使用以下三種策略，深化對方的快樂：

1. 踩油門／踩煞車

當你訴說一個正面的經驗時，就彷彿像開著一輛敞篷車，在風和日麗的郊區兜風，此時最煞風景的事情，就是緊急煞車。

什麼樣的回話像緊急煞車呢？譬如說，你興沖沖地和朋友分享一家美食，結果朋友卻回你：

「我覺得還好。真不知道他們怎麼活下來的。」
「價格太高，CP值有點低。」
「我不喜歡吃湯湯水水的東西。」

聽完這些話，你會不會覺得有一種挨了一記悶棍的感覺，叫痛也不是，要笑也裝不出來。反過來，比較好的回應會是：

「聽完你的介紹，我都想要馬上衝去吃吃看。」
「哦！你說的那家我知道，很多部落客有介紹。」
「原來你喜歡吃米粉湯啊！下次我有吃到好吃的，一定跟你說。」

對比一下，兩種回應所造成的感受：前者，讓你不想繼續說下去（踩煞車）；後者，則有一種鼓勵你繼續分享，讓車子跑得更順、更遠的感覺（踩油門）。

欣潔有一次和朋友聚會，選了一家火鍋店。坐定後，大家就各自去拿自己喜歡吃的食材，欣潔開心的拿了一大盤豆腐回桌。正要放入鍋中，坐在對面，朋友帶來的女伴，據說是在醫院擔任營養師的莉莉安，竟開口說：「你不知道現在很多豆腐，都是用工業級的石灰做的嗎？而且黃豆也可能是基因改造，吃多了會致癌。」

聽完這一長串的「告誡」，欣潔食慾全消，差點沒翻桌走人。其實，類似的句型經常出現在親近的人身上，當你開心的分享創業計畫、壯遊之旅，對方就冷不防的潑你一桶冷水：

「唉呀！現在時機不好，有工作做，就該偷笑了。」
「別做白日夢了，你知道有多少人在創業第一年就會陣亡嗎？」
「打工兼度假？我想度假是眞的，打工只是噱頭吧！」

……讓人爲之氣結。

這些回應之所以令人不舒服，都是太快把焦點放在自己身上，以自己的價值觀爲標準，沒有試著站在你的位置上考量。

但也許有些朋友會說，可是如果事實眞是這樣，難道要我昧著良心，鼓勵對方繼續犯錯嗎？

是的，太樂觀的想像也是危險的。重要的提醒仍然是不可或缺，但順序很重要，你有沒有讓對方覺得你有聽懂他的喜歡，之後再提出個人的想法，結果會是天差地別。以欣潔爲例，假使莉莉安眞的不放心食品安全，她可以試著換句話說：

「嗯！豆腐營養，熱量又低，是很棒的美容聖品。（**先踩油門，深化對方的快樂**）不過，你平常如果是自己煮，都在哪裡買豆腐的？」

「就傳統市場啊！板豆腐又大又便宜。」

「這樣啊！我因爲工作關係，剛好對豆腐有比較多了解，現在有許多不肖的商人，爲了省錢會在豆腐製成的過程中，添加工業級石灰，吃多了對肝腎是一大負擔。而黃豆的來源也是另一個隱憂，所以如果眞的喜歡吃，盡量選擇比較安全的廠商，對健康比較好。

「啊！原來如此！謝謝你的提醒，你不說我都沒有特別注意，下次購買時我會小心一點。今天就忌口，不要吃太多，算是一個小進步。」

小心別讓你的好意，聽在對方耳裡變成一種挑釁。先借用對方的速度，加大過彎的弧度，再慢慢修正前進的方向。會比你逼他緊急煞車，直角轉彎或一百八十度迴轉，來得順暢許多。

2. 接枝／截肢

倘若你不確定油門踩哪一個點才是對的，你也能夠運用「接枝」的技巧，試著從對方的訊息中，延伸快樂的感受。

接枝，是植物學家發明的一種繁殖方法，將一部分的植物（如蘋果樹），固定在另一個植物上（梨子），就能夠培育出新的品種，甜度更高、生命力更好。同樣的，在回應時，透過接枝的技巧，有機會交流出更精采的發現或共鳴。

舉例，當你看完一部好看的電影，你和朋友說：「《高年級實習生》很好看耶！」但因爲你沒看過，你不知道要怎麼深化對方的快樂，這時你順著對方的話，接上一個好的問句：

「我有注意到這部片，你喜歡哪一個橋段？」
「劇情在說什麼？哪個部分讓你最有印象？」
「男女主角是誰啊？演得如何？」

千萬別讓對方慷慨分享的好意，被你一個不客氣的回答硬生生的截斷，默默在心中淌血。

子庭就遭遇過類似的對待。某天，好久不見的老同學怡眞來公司找她，子庭記得怡眞喜歡吃牛肉麵，就帶她去自己常光顧的麵店吃飯。麵一上桌，子庭想知道對不對她的胃口，便問：「好吃嗎？這家店麵條都是自己做的。」

怡眞吃了兩口，說：「嗯！還可以啦！不過，我覺得我家那邊的比較好吃，這家肉太少、麵太軟。」

子庭聽完，臉上三條線，原本一定吃到碗底朝天，那天吃不到半碗，就覺得撐了。

仔細分析怡眞，她所做的回答正是「截肢」的一種，也是人們最容易犯的一個壞習慣，叫做「**評論式讚美**」。用一種高高在上、優越感的態度評斷眼前的事物，很容易引起別人的反感和防衛。

曾看過一段話，挺犀利的，卻很精準地傳遞被評論者的感受。記得書上是這麼寫的：「你若問一個小說家，對書評有什麼看法？那就好像是問一根柱子，對在它身上灑尿的小狗，有什麼感受？是一樣的。」

別讓評論，斬斷有意義的對話流動。

評論是容易的，但眞正要解決問題卻是困難的。這個世界不會因爲少了一個評論者變醜，卻可以因爲多了一個創作者變美，替我們創造好吃的食物、好聽的音樂、好看的電影，以及發人省思的書籍。

但不知道是不是媒體的影響，讓觀眾養成看名嘴罵人的習慣，卻捨不得給願意付出努力的人一點掌聲。當有人試著說出不同的看法，擋在他面前的可能是一連串猛烈的抨擊，造成一個錯誤的印象是：好像評論者比創造者更有遠見、更懂專業。

舉例：前陣子有一個網路論戰，行之多年的高鐵車票，上頭凌亂的資訊，常常會讓使用者坐錯位子或上錯列車。於是有位設計師，看到了這個情況，提出了自己的觀點，並重新設計了新的車票，不僅美感提升了，易讀性也增加許多，可以一眼就看見重要的資料，受到許多好評。

但沒多久，另一個專家就跑出來說，這樣的設計沒有站在「實用性」考量，忽略了現行印刷技術的限制，只爲了美而美。暗諷設計師「自以爲是」。或許是因爲這番言論酸度太高，又引起了另一個知名的網友，貼出他國設計精美的車票，打槍所謂的「限制論」。

這一來一往的過程，大家最後都在關注「誰說的對」，卻忽略了一開始的美意，是把問題提出來，讓人注意這個現象，而不是爭論聽誰的，誰才是眞正的高手。

在指責別人不夠周延前，你可以花一點時間想想，**你真正想表達的，是不是讓對方了解你的明白**？在你的世界裡，看到了什麼，可能是對方也需要多知道的，而不是打壓對方的心意。假如再來一次，那位印刷界代言人可以把論點修飾成一種「補充」（接枝）：

「謝謝某位設計師，終於說出這個痛苦。也當仁不讓地示範，怎麼設計會讓使用者經驗更優化。只是如果能夠把印刷技術的限制考量進去，或許，就會更了解何以現行的車票會長這樣，能夠突破的關卡在哪，哪些地方還需要其他技術的配合？而不會變成動機良善，卻只能淪爲形式。」

好的回應能讓不同專業的人，可以繼續討論下去，不因意氣之爭，讓真正重要的事情淹沒在口水中。這樣的回應，才算有建設性，使結果更圓滿。

3. 舊地重遊／整碗端走

最後，深化快樂的最後一個策略，也是最需要專注力的一種方法，叫「舊地重遊」。讓對方再次體驗快樂的過程，特別是有一些些挑戰性，本來覺得不可能，到最後卻逆轉勝的成就感，特別適合使用。

研究發現，人類對於負向記憶的敏感度更甚於正面回憶。也就是說，痛苦的事情，你想忘也忘不掉，但快樂的事情，卻是怎麼記也記不牢。麻煩的是，如果你的大腦儲存了太多負面經驗，海馬回（負責長期記憶）會萎縮百分之十至二十。同時，創傷記憶也會排擠正面經驗的編碼，使得你即便歷經磨難，成功的活下來，對於快樂的記憶力和感受力，相較於從前會減少很多。

但偏偏一般人在對待他人的經驗時，很喜歡放大痛苦，縮小快樂。舉例：小朋友考完試回家，跟爸媽說自己考了九十九分，你猜絕大部分的父母第一個回應會是什麼？是不是「錯哪一題」、「怎麼那麼不小心」、「都怪你粗心，不然就能考滿分，多可惜啊！」

除非刻意練習，掐住自己的大腿，要求自己給出正面回饋：「這樣啊！我們一起來看看你對了哪些題目，都學會了什麼?!」、「哇！真棒，幾乎都對了欸！」，否則都是從檢討缺點開始，到最後才花一兩句話肯定孩子的用心和努力。以至於將來長大後，絕大部分的孩子都變成非常會自我打擊的高手。

即便進入成人期，這樣的習慣仍然如影隨形，你可以回想看看，哪一種情況家人朋友關心細節的比重較高？是好事？還是壞事？

當你車禍時，痛都還沒有散，就得回答一大堆問題：發生在什麼時候？地點？怎麼撞上的？對方是怎麼樣的人？旁邊有沒有路人？身體有沒有受傷？是頭先著地，還是屁股？車子有沒有壞掉？……

且在回答這些細節時，你彷彿又再經歷一次車禍現場，於是負面經驗又被強化一次，記憶得更好。可是當你說自己好不容易贏得比賽，卻很少人會花同樣的力氣，從頭到尾陪著你再走一遍，只會粗略的描述，無助於記憶的累積。於是乎，**我們大腦對**

於負面記憶的解析度都是HD高畫質，但正面記憶卻還停留在VHS錄放影機的等級。

換句話說，**真正需要我們投注好奇心的是正面的情緒，而非負面的感受。**發生不好的事情時，你安靜的陪伴都會比像檢察官問話來得好。當你能夠透過好的回應，協助對方再次體驗快樂，你其實是在改變他大腦神經連結的方式與結構，長期累積下來，一個人的人格是有機會改變的，這也是近年來正念感官訓練越來越蓬勃發展的主因。

以我自己爲例，我滿喜歡和人分享創業的經驗，但許多人在聆聽故事時，都把注意力放在：「當初課程是怎麼設計出來的？」、「要怎麼樣才能找到人來上課？」、「招生不如預期時會不會緊張？」、「如果有人抱怨怎麼辦？」、「人員要怎麼安排才能有效率？」……。沒錯，這些問題都很重要，但對我來說，都不算是快樂的經驗，所以越談會越覺得沉重。同時，從困難進入會引發更多的不足，於是發問者最後就得到一個結論：「創業是件辛苦的事，自己應付不來。」

但其實，一個人會選擇創業並堅持留下來，過程中一定有讓他覺得開心的事情，你若能夠問得很仔細，會發現對方成功的祕訣都在其中。像是我很喜歡和人介紹教室的裝潢，因爲那是我和同仁一點一滴打造出來的。如果有人能夠細膩的回溯，從地點的選擇？設計師的發想？工程的安排？家具的挑選？師傅的溝通？……等，尤其是在有時間壓力之下，必須克服種種困難，才能順利開幕，準時開課的那種心情，眞的是非常立體。每說一次，就會對自己更有信心，彷彿是再次提醒自己：「那麼困難的情況都走過來了，眼前的壓力眞的不算什麼。」同時，我會把眼前的人和這段經驗連結在一塊，一起送進大腦的正面記憶區，形成連動反應，這樣的影響力是很珍貴的。

最怕的事情時，當你在說一件你開心的事情時，對方聽沒兩句，就把焦點轉到自己身上，暢談自己的經驗，俗稱「**整碗端走**」（台語）。於是你想說的話，就哽在喉嚨，說也不是，不說也不是，即使因爲客氣，依然保持微笑點頭，卻沒有把對方的話眞正聽進去。

要怎麼知道自己有沒有不小心就「整碗端走」呢？當你發現：

✓對方的話一直被你打斷，或彼此經常疊話；

✓對方的話越來越少，你的話越來越多，占用的時間越來越長；

✓對方只用很短的字句回答你（嗯、喔、是）；

✓對方消失在對話中，但你還在一直講。

這時，你最好停下來，問問對方剛才是不是想說什麼，來不及說？把發言權還給對方，以免留給對方不識相的壞印象。

此外，**在幫助對方舊地重遊時，請多用「是什麼」、「怎麼做」或「怎麼想」、「如何」這類語詞做開頭，千萬別太習慣問「為什麼」。這樣你只會得到一個理由或藉口，而無法拓展故事的細節。**

透過「好回應」，創造人際天堂。

現在，你已經知道如何強化正面的情緒，你只需要順勢推一把，就能夠借用對方原有的力量，將他送往更快樂的境界。這讓我想到一個「天堂和地獄」的故事。

有一個男子來到了天堂，天神見他一生奉獻良多，答應給他一個願望，完成最後的心願。男子說：「我在人間聽了很多天堂和地獄的事情，我很想看看他們究竟有什麼不一樣？」天神同意了，派了一個天使帶領男子先下地獄。

到了地獄，男子看到一張很大的桌子，上頭擺滿了豐盛的佳餚。男子心想：「地獄過得還不錯啊？並不如自己想像的悲慘。」但沒多久，有一群人魚貫入座，每個人手上拿了一雙近三尺的長筷子，不管怎麼吃，食物都靠近不了嘴巴，所以每個人都瘦骨如柴。於是男子以為地獄的人，之所以可憐是因為長筷子。

天使說：「先別急著下定論，我帶你去天堂。」

到了天堂，同樣有一張大餐桌、滿桌好菜以及長筷子。筷子的長度並沒有變短，可是天堂的人卻個個豐潤健康，笑容滿面。原來他們使用筷子的方法，並不是自己吃，而是餵對方吃東西，因此，每個人都可以享受美食，而不用忍受飢餓。

天堂與地獄最大的區別，在於人與人相處的方式。這也是「借力」的精神，**一個人的快樂如果得不到認同、不能分享，其實是很孤單的。透過好的回應，就能夠讓快樂滋養彼此的關係。**

重點整理

- 「快樂」需要得到「深化」，有三種方法：
  1. 踩油門
  2. 接枝
  3. 舊地重遊
- 一個人的快樂如果得不到認同、不能分享，其實是很孤單的。透過好的回應，能夠讓快樂滋養彼此的關係。
- 每一句話背後都會牽動某個情緒狀態，我們不一定能察覺到，但身體卻很誠實，會在臉部有相對應的變化。

Chapter 6

如何回應驚訝的情緒——澄清

回想一下，過去的一個星期，在你生活中，出現驚訝的次數有多少？

也許有些人會覺得還好，我的生活挺平淡無奇，沒有什麼新鮮事，反正就是上班下班，見固定的人、做固定的事，很少有事情會讓人感覺到驚訝。但這是因爲大腦爲了省力，將你的意識焦點只專注在戲劇性的事件或轉折上，如果你用心觀察，你會發現驚訝出現的比率非常高。

其實，**「意外」與「不解」都算是驚訝的次情緒**。例如你打開FB瀏覽朋友的動態，突然看到好友結婚卻沒有通知你，那一瞬間詫異的反應；或是每天上下班的道路，車流量比平常更多或更少，刺激你出現短暫的不解與疑惑，就都是一種驚訝。

仔細定義「驚訝」，它屬於一種「意料之外」的情緒，透過睜大眼睛確認眼前的狀況，爲接下來做準備，是一種「過場」的反應。若把七大情緒各自比喻成一個人，在大腦舞台上，相互競爭觀眾（你）的注意力，驚訝通常都擔任配角的工作，不像其他的情緒比較華麗、張揚，很容易被察覺到，因而可以享有高規格的對待，被你好好的理解、感受。

加上驚訝的表情，展現的速度非常的快，可能不到一秒鐘，就轉換成其他情緒，很難在第一時間就被知覺到，以至於錯失了最佳回應的時機。但其實，驚訝就像是船長手中的舵，稍微一點點的偏移，就會行駛到不同的航道上，你必須很快地發現，才能及時修正，否則越開越遠，想要回頭就辛苦了。

也就是說，**在溝通中，當你對驚訝有更多的敏銳度，你很有機會在對談惡化前，就先做好預防措施**。

但爲何驚訝沒有及時發現，很容易造成誤會呢？因爲當一個人在認眞思考，或感覺疑惑之前，通常會先出現短暫的「驚訝」表情，之後才是「皺眉瞇眼」。如果你遲遲沒有排解對方的疑惑，皺眉瞇眼的表情就會持續出現。你可以試著做做看這個動作，是不是很容易連結到不開心、生氣的情緒。

所以雖然驚訝是中性的情緒，但如果驚訝沒有得到適當的回應，幾乎都會演變成負面的情緒，像是驚嚇、驚恐、驚慌、驚愕、驚駭……。因此，面對驚訝，最重要的第一件事情，就是先「辨識」出來。

辨別的原則有三個：

✓眉毛上揚（有些人會出現抬頭紋）

✓眼睛睜大（讓光線可以進來更多）

✓嘴巴附近的肌肉是放鬆的（大多會搭配張嘴或倒吸一口氣）

驚訝需要得到「澄清」。

彥如曾經有一次被搭訕的經驗。她坐在一家飯店的大廳，等著朋友來找她。突然間，旁邊有一個身材略微中廣的中年男子，開口問她：「小姐，你的包包很漂亮，在哪裡買的？」

面對這個沒由來的提問，彥如第一時間就是出現驚訝的反應，略略的吸了一口氣，簡單的回：「我不記得了。」沒想到，大叔不放棄，繼續追問：「是眞皮的嗎？」對方依舊沒有觀察到彥如臉上的不解，於是彥如乾脆起身，逃離現場。

我們先不推論這位大叔的動機是否良善，但如果他能夠在第一時間看到彥如的驚訝，並先做出澄清：

「是這樣的，我太太很喜歡這種款式的包包，我想買一個送她，當作生日禮物，給她一個驚喜。但我對女性的包包了解不多，妳是不是能夠幫我介紹一下？」

或許，彥如就不會那麼害怕，至少願意多聊個兩句。因此，當你辨識出驚訝的表情後，你下一步的回應就是「澄清」，了解對方眞正疑惑的點爲何。同樣的有三個策略，値得你多留意：

1. 是什麼／為什麼

人的大腦習慣用自己的角度出發，常常會不小心就以爲別人知道的和我們一樣多，卻忘了對方不在我們的生活中，不可能像電腦傳輸檔案，你做了一點說明，對方就全盤理解。因此，在談話的過程中，幫助對方了解你的狀態，是讓人感覺到安心的第一步。

澄清時，必然會用問句，怎麼讓你的提問，聽起來像是善意的釐清，而非惡意的質疑，關鍵就在於開口的前三個字。**同樣的一句話，用「是什麼」做開場白，會比「為什麼」來得溫和許多**。

試想，當你的主管忽然走到你的面前說：「這星期六記得來公司加班喔！」

下一秒，你脫口而出：「蛤！」（搭配驚訝的表情）

接著你的主管說：

「爲什麼你不知道這件事？」

或

「是什麼讓你不知道這件事？」

哪一種你直覺聽起來會比較舒服，不會有一種做錯事的感覺？以及兩種問句，你各自會衍生出什麼答案？

前者，你可能會回答：

「沒人跟我說啊！」

因爲從小我們一聽到爲什麼，就覺得需要回答一個正確的答案，如果心中沒有譜，就得掰一個理由。但這麼做，很容易讓你的主管覺得你把責任推給其他人，於是就回你：「沒人跟你說，你不會自己問嗎？請你來工作，不是當大爺。」一不小心，就擦槍走火。兩個人都覺得是對方找碴，看自己不順眼。

換成是後者，你或許會這麼說：

「報告主管，我不曉得是不是因爲我前兩天請假，所以沒收到訊息，剛剛才會反應不過來。」

在這邊你回答的是「**過程**」，而非「**結論**」。於是你的主管，透過了解你的「過程」，便容易站在你的位置，明白你爲何不知情，而不會那麼快的就歸因是你個人的問題，能將外部因素考慮進來。

「是什麼」除了比較不容易，引起我們下意識的防衛外，也有助於資料的收集，不會因爲得到了一個答案，就覺得足夠了，有利於擴散性思考的運作。相反地，「爲什麼」比較適合用在談話快結束，做收尾時使用，讓龐大的訊息變成一兩個簡單的摘要。但放在澄清的目的下，就容易讓對話卡死。

因此，在澄清對方的驚訝時，千萬別讓訊息的落差，變成是一種考試或拷問，讓對方覺得自己的疑惑，在你眼中看起來是很愚笨的。這樣關係不僅會夭折，同時還會失去對方的坦白。

2. 一次找一個答案／節外生枝的提問

既然澄清，就是透過好的問句，讓訊息更流動、透明，讓彼此的關係能夠更靠近，那是不是把所有想問的都搬出來，就好了呢？以免待會談一談，又迷路了，忘了問。

這是很多人在「疑惑」時會有的心情，擔心自己「遺忘」了重要的問題。但先不管要怎麼克服遺忘的狀況。角色互換，如果你是那個被問的人，當你被一連串連續的問題追著跑，你能確認自己的大腦都來得及消化處理嗎？如果同樣的問題，拿來問自己，你都難以招架，又何必爲難對方嗎？

有一次，我去買電腦，一踏進商家，一個看似剛畢業的年輕人，很熱情的跑來我面前，招呼我。當我說：「你好，我想要找一台筆記型電腦。」

接著，他用跑百米的速度，問了我：「有預算的考量嗎？是要拿來打電動、看影片，還是文書工作？需不需要配備光碟機？對速度有要求嗎？顏色？重量？還是有喜歡的品牌？CPU想要多快？」

就像轟炸機開過，丟下一排炸彈後，咻的一聲，就飛走了。留下一臉錯愕的我，不知該從何回答起。同時，他的問題讓我覺得自己很無知，如果我都能清楚的說明自己的需要，那乾脆在網路上購買，不是更快嗎？何必要多跑一趟。

但其實，他能夠問出這些問題，就代表他知道客戶在乎什麼，只可惜他太心急。若能**「一次只找一個答案」**，或許不用問完這堆問題，就能幫助我決定要購買哪項產品了。

還有一種情況，我們也經常看到提問人像連珠炮一樣，一取得發言權，就不肯鬆手，最典型的便是「記者會」。表面上，看似問了很厲害的問題，但如果你仔細分析回應者的答案，你就會發現這樣的題目，反而容易被模糊焦點，眞正重要的訊息沒有釐清，卻節外生枝許多盲點，製造錯誤的印象。

以下這段對話，摘要某個歌星被指控婚後仍有出軌的行爲，他出來開了一場記者會，其中一位女記者所提出來的問題：

「X先生，想請問您，您說您是在二〇一一年才認識Y小姐。這和Y小姐的說法不一致（二〇一〇年）。可否說明你們實際交往的時間，從什麼時候開始？以及您和Y小姐交往的時間，是否和您現任的妻子和前任的女友有重疊？還有您知道Y小姐的實際年齡嗎？」

大致看過去，你可能會覺得就只是三個問題，不算多。但如果一條條逐步分析，這其中包含了八個問題：

1. 實際交往時間？
2. 如果兩方說法對不上，是X刻意誤導？還是Y小姐？
3. 交往時間是否有和任何人重疊？
4. 和前任女友有重疊嗎？
5. 和現任妻子有重疊嗎？
6. 對於Y小姐的年齡，在交往第一時間就知道？
7. 還是後來才知道？什麼時候？
8. 還是到現在仍然不知道？

每一個問題都需要先釐清基本的訊息，才能繼續往下問，否則當事人很模糊的回答：「沒有重疊」，究竟他指涉的「沒有」是「結婚後」沒有，還是和「妻子交往」的過程後沒有，但先前在其他關係有。

類似的訪談在很多地方都蒐集得到，如果你夠用心聆聽答案，你會發現愈曲折的問題，愈容易被掉包。但記者之所以會這樣發問，在於那個情況下，他可能沒有機會一條條慢慢問，只好亂槍打鳥，如果其中一個問題能矇中，就算是成功了。這是他們的工作和情況。

可是回到眞實的互動中，你和他人的互動並非記者會，記得「**愈簡單的問題，愈有力量**」。我所列的八個問題，也許單獨來看，並沒有什麼特殊之處，卻能眞正幫助你確認，對方究竟回答哪一塊？即便迷了路，要回頭，也容易許多。

假如你眞的很怕自己遺忘，你可以拿紙筆先記錄下來，運用別的方法減輕大腦記憶的負擔，讓大腦可以眞正執行思考的功能。否則你把CPU拿來當硬碟用，當然會覺得很吃力、不順手。

3. 疑問句／疑問詞

這一個策略，在我的上一本書《衝突對話，你準備好了嗎？》也曾介紹過。在設計問句時，加上「疑問詞」會比單單只有「疑問句」，給人較開放的感覺，預設性較少。如此，才能夠讓你澄清，成爲對方想答，也答得出來的問題。

所謂的疑問詞，最簡單的記法就是4W1H：何者（who）、何時（when）、什麼（what）、何處（where）、如何（how）。要表達相同的意思，只有疑問句，沒有疑問詞，很容易變成一種質疑、嘮叨或挑剔，感受一下以下三個問句：

✕你會接小孩回家嗎？

✓你計畫**何時**（when）接小孩回家？

✕你是不是又把鑰匙搞丟？

✓你把鑰匙放在**哪裡**（where）？

✗你有按照我的話去做嗎？

✓你是**如何**（how）進行的？

前者，訊息比較直白、簡短，但如果口氣稍不注意，聽起來就會很像是要求或命令。後者，句子有時會比較長一些些，但多了一點承接和空間，讓人較願意回答。

最不好的提問，就是在文法上，並不構成疑問句，只透過聲調來表達疑惑：

✗這麼快就要繳錢？

✓你原本認爲**什麼時候**（when）要付？

✗你又亂買東西？

✓你今天買了**什麼**（what）？

✖電腦又壞了？

✔你知道今天有**誰**（who）用過電腦？

單單只讀文字訊息，沒有聲音表情，以上右邊三個問句，在文法上比較接近「描述事實」。假如對話的另一個人，分心或心情不好，或許你只是單純的想澄清或提醒，對方卻覺得被指責，然後雙方就吵起來了。於是事實的眞相就被擱在一旁。

品慈到超市採買家庭用品，就快輪到她結帳時，忽然有個大嬸插進隊伍裡，結果店員竟然沒有制止，還幫大嬸結帳。品慈從一開始的驚訝，轉變成一種不滿。但店員忙著刷條碼，根本沒有注意到她的反應，品慈爲了不讓這件事壞了自己的心情，她決定自己好好澄清。

就在輪到她付款時，她用很普通的語氣對著店員說：「我很想了解，是**什麼**讓你選擇先幫那位婦人結帳？你沒有注意到後面有人在排隊嗎？」

結果店員被她這麼一問，反而支支吾吾地，不知該如何回應，不斷的向品慈道歉，說：「我一時忙碌，沒有注意到，下一次會更小心。」於是，品慈就知道店員是無心的，不用再放在心上。同時，她也達到了自己的目的，即提醒店員，而非責備。

假使品慈毫不修飾、大聲嚷嚷的說：「她插隊欸？」也許不見得能讓插隊的人感覺自己犯錯，更有可能引發一場爭執，讓已經很辛苦的店員，覺得很挫折，卻不一定能從中記取經驗。

擁有環境遙控器，調節情緒很容易。

到這邊我們已經談完了兩大情緒的辨識和回應。若你試著去練習，你會發現當你能夠承接別人的情緒，透過好的回應表達你的理解，通常談話就比較流暢，不容易因爲一時的說錯話，或一言不合，把氣氛搞僵了。

同時，也因爲關係順暢了，你的心情也會比較輕鬆、平靜，至少不會那麼煩惱。

假使心理學家阿德勒先生說的沒錯，「所有的心理問題，都源自於人際關係」，那麼我們反過來，當你能夠讓關係保持和諧，是否就意味著你的心理會比較健康？

在過去，傳統的心理學在談到「情緒管理」時，大多把責任放在個人身上，認為當事人必須能控制自己的情緒，並妥善表達。所以生氣的時候，得覺察出自己的憤怒，不能夠輕易的發洩，要選擇適當的語言和語氣表達出來，最好是做到「威而不怒」。

但其實這樣的邏輯難度很高，那就像是你叫一個全身是汗、體溫非常高的人，要馬上冷卻下來。或許，給他一點時間是有可能的，但如果情況很緊急，沒有太多的空間可以先離開，在他一次、兩次都沒有做到後，他就會感覺到挫折，覺得自己控制力不好。

然而，如果我們懂得營造一個舒服的環境，就像是一個有空調的房間，而且你手中握有遙控器，你就能夠在自己覺得很熱時，把溫度降低；很冷的時候，把溫度提高。不需要時時要求自己保持恆定，嚴格規定自己要學會「管理」體溫。如果你願意相信，情緒也是一種身體的變化，你唯一能做的只有「調節」。

同樣的，學會人際回應力，就像是擁有環境情緒的遙控器。當你知道如何和環境（他人）好好相處，不管對方是開心、憤怒、恐懼、厭惡，還是悲傷，你都知道如何妥善的回應，你的心情自然會穩定。回過頭，也會對自己更加有信心，相信自己能夠掌握好節奏，讓事情朝你想要的方向前進。

重點整理

●「驚訝」需要得到「澄清」。有三種方法：

1. 以「是什麼」開場，而不說「為什麼」。
2. 一次找一個答案
3. 提出問題時善用「疑問詞」，降低擦槍走火的機率。

●如果你對驚訝有更高的敏銳度，就有機會在對談惡化之前，做好預防措施。

●學會人際回應力，就像是擁有環境情緒的遙控器，不論對方處於何種情緒狀態，都能妥善回應，自己的心情自然也會穩定，對自己更加有信心，讓事情朝想要的方向前進。

使力

讓挑戰的情緒，變成尊重的跳板

學會如何面對他人無理的輕蔑，轉化他人錯誤的厭惡，
當你能夠使力的推開不屬於你的信念，
它就沒有機會在你的大腦中生根發芽，
並讓身旁的人知道如何尊重你的規則。

Chapter 7

如何回應輕蔑的情緒

——面對

如果我問你是不是一個有性別偏見的人，基於政治正確，也許你會回答說：「不，我支持男女平等。」但你真的很有把握自己對男女生的看法，完全沒有成見或刻板印象嗎？

哈佛大學曾經做過一個有趣的測驗，他們找了一群受試者，邀請他們做一個測試，「內隱關聯測驗」（Implicit Association Test, IAT）。在第一份問卷中，受試者被告知將名字分類，比較接近男性的稱呼，在上方框框打勾，像女性名字則在下方打勾。

例如：

【測驗1】

男性

□ □ □ □ □ □

志明　家豪　春嬌　淑惠　怡君　冠宇

女性

□ □ □ □ □ □

完成後並記錄時間。之後，擴大上下選項的描述，上方增加職業，下方增加家庭。請受試者爲中間的名詞做分類，如果是屬於男性／職業在上方打勾，屬於女性／家庭則是下方打勾：

【測驗2】

男性或職業		女性或家庭
☐	欣婷	☐
☐	承翰	☐
☐	洗衣	☐
☐	企業家	☐
☐	志偉	☐
☐	商人	☐
☐	冠宇	☐
☐	資本家	☐
☐	淑惠	☐
☐	家庭	☐

一樣記錄完成時間。接著，更改上下兩端的描述，把男性和家庭放在一塊，女性跟職業放在一塊，再請受試者分類一次，並計時。

【測驗3】

男性或家庭		女性或職業
□	嬰兒	□
□	淑惠	□
□	志明	□
□	商人	□
□	就業	□
□	承翰	□
□	怡君	□
□	家中	□
□	企業家	□
□	辦公室	□

有趣的是，研究發現只是稍微更改上下選項的配對方式，受試者完成第三份問卷的時間，明顯比第二份來得長（從幾十秒鐘到幾分鐘不等）。

（註：對內隱測驗有興趣的朋友，可上：http://www.implicit.harvard.edu。書中所列題目，僅爲示意，並非官方內容。）

你的反應比你以爲的還要快。

換言之，我們的大腦傾向把男性跟工作連結在一起，女性則是跟家庭放在一塊。如果題目也符合這樣的分類，你就能夠很快地回答；但如果是你不熟悉的分類，「男性／家庭」、「女性／職業」，你就必須重新做判斷，花費比較多的腦力思考。

而這個反應的時間差，正是研究者所謂的**「內隱認知」**。**白話文就是，連你自己都不知道的想法或觀點**。也就是說，雖然你自認爲是性別平權的支持者，但你的潛意識仍然逃不掉，這個社會在你身上所留下來的刻板印象。

但這和輕蔑又有什麼關係呢？我們爲什麼要花這麼多篇幅談「內隱認知」呢？很簡單，因爲這些隱性的偏誤，正是某種成見、偏見，甚至是歧視的前身（反應時間落差越大，偏誤越強）。**當偏誤超過某種程度，會使人產生「輕蔑」或「厭惡」的情緒，下意識地想要排拒對方，藉此來保持一種心理上的安全距離，知道自己和對方是不一樣的人。**

而這類隱性的偏誤，不只存在於性別，舉凡肥胖、膚色、性向、年齡、外貌、宗教、種族、階層……等，都能找到它的蹤跡。換句話說，你我從小到大，一定都曾遭遇被某種「刻板印象」傷害的經驗，像是：女人比較不會開車、男生不會做家事、老人脾氣差、商人很黑心、窮人都是懶惰的、公務員很難搞、單親家庭的小孩容易變壞……等。

當一個人在說這些話時，他在主觀知覺上會認爲自己高你一等，也就是「輕蔑」。而且他並不覺得自己有錯。因爲在過往的文化環境中，他會反覆地接收到某些不符合事實的知識，並且送入記憶庫中，一旦在腦中成形，它便會持續性的影響我們對待某些人的態度，且渾然未覺。

你必須得學會「面對」，穩穩地站在攻擊你的人「對面」。

所以，無論你自認是不是一個童叟無欺、人畜無害的好人，別人有意無意的輕蔑，或相關的次情緒：嘲笑、嘲諷或鄙視，仍然會找上門來。你必須得學會「面對」，穩穩地站在攻擊你的人「對面」，才能讓對方重新學習眞正正確的資訊，不再持續用錯誤的印象理解你。

更重要的是，當你被輕視時，你第一時間的反應，往往會決定這類的對待，會不會持續演變成一種「霸凌」？因爲霸凌者不一定會欺負最弱小的人，而是最容易修理別人的人。如果你讓他覺得冒犯你，他得付出很高的代價，幾次互動之後，他就會轉移目標。

千萬別拿善良當藉口，覺得自己是個好人，別人就會百分之百善待你。善良不代表不會遇到壞事，只能代表等你站起來後，你不會用同樣的方法傷害別人。要能夠在攻擊中全身而退，或是避免成爲下一個獵物。光是只有善良，就像沒穿防彈衣就上戰場的士兵，並跟敵人說：

「因爲我沒拿武器，所以你不可以傷害我。」是一樣的。

輕蔑是情緒表情中，唯一「半邊臉」的呈現。明顯的特徵有：

✓某一邊的嘴角上揚，另一邊不動。

✓和上揚嘴角同一側眼睛，微微瞇起。

既然我們都逃不掉，就學會好好回應吧！透過人際危機，反而可以爲我們創造贏得他人尊重的機會。可運用的策略，包括：

輕蔑

1. 承認／辯解

別人攻擊我們的原因很多，可能是出於惡意的嫉妒、不實的抹黑、無聊的挑釁，但也有可能是我們自己眞的沒有把事情做好，以至於別人對我們產生反感。

所以當你發現對方有不友善的行爲時，第一時間並不是馬上回擊，而是先冷靜下來，想一想，自己是否眞有需要調整之處。若有，就勇敢地承認並修正；若無，則可以採取本章和下一章所分享的策略（回應輕蔑和厭惡情緒的策略，可交互使用，視情況需要而定）。

別犯了錯，仍強詞奪理，暴露出更多的馬腳讓對方有繼續攻擊的理由。特別是在網路世代，發文的界線更要小心拿捏，你以爲自己遭受不當的對待，想透過臉書取暖、討拍，卻沒有先釐清楚自己的立場，是否也有爭議之處，一不小心就會玩火自焚。直接舉兩個眞實的例子：

◆我懷孕，所有人都得讓坐

日前有一位懷孕婦女，搭火車時，沒有買到坐票，理論上，她必須一路站到終點。但或許是因爲考量自己懷孕比較辛苦，所以她上車後，看到空位就直接坐了下來。等到座位原訂的乘客抵達，發現這位婦人坐在自己的位子上，婉言請她起身。這位懷孕婦人覺得不可思議，怎麼會有人不肯讓坐給她，一點「愛心」都沒有，便懷恨在心，偷拍原乘客照片並上網控訴。

原本懷孕婦人以爲網友們會挺身爲她爭取公道，沒想到竟引來一陣撻伐，對她的行爲感到不屑。接著劇情以出乎意料的速度發展，到最後還發現，那位被她強占座位的女性乘客，也懷孕五個月。更讓人對她的行爲感到嗤之以鼻，覺得她濫用社會的善意，無限上綱自己的權利。

我們重新檢視這位懷孕婦人所遭受到反對聲浪是否合理？以及若再來一次，她可以怎麼反應會更好？

確實，我們的社會對懷孕女性有較多的包容和體貼，但這不等於懷孕婦女有權力要求別人配合她的需求。乘客自願讓坐，是出於一份好意；如果不願意，而懷孕婦女又有需要時，她可以就近請求列車長幫忙，而非上網指責別人沒有善待自己。在這個案例中，她因爲沒有分清楚自己的責任與權利，而遭受輕蔑與鄙視，她必須承擔起自己行爲的後果，未來別再犯同樣的錯誤。

我們都有可能因為一時衝動，犯了錯，引起公憤。但重點不在於說錯話，或做錯事，而是你回應的態度，決定了你後續被對待的方式。

接著，一起來看另一個相對圓滿的回應。

◆颱風天就是要泛舟，不然哩？

二〇一五年夏天，在颱風即將登陸的前夕，有記者跑到墾丁沙灘採訪遊客，問他們：「颱風天有什麼計畫？」

其中有一位年輕男子，很無厘頭地回答：「颱風天，就是要泛舟啊！不然要幹嘛？」搭配他逗趣的表情，在新聞台反覆重播，引起一陣討論。有民眾覺得這樣的建議非常不成熟，不僅拿自己的生命開玩笑，也會連累救難人員疲於奔命。同樣的，網友們開始肉搜這位男子，批評他不恰當的言論，並戲稱這位年輕男子爲「泛舟哥」。（請上網查詢「泛舟哥」）

原本以爲只是打趣的玩笑話，竟然變成討論的焦點，讓泛舟哥大感意外，很快地就在自己的臉書上，發文道歉：

「這幾天的暴紅，讓我實在是受寵若驚了！預估自己還可以再紅個大概十二小時左右，一定要爲中華民國人民做點事情，發個勸世文。

今天眞的是颱風天，雖然我這兒沒風又沒雨就覺得賺到，但大家眞的可以待在家，就待在家，手牽手一起挖鼻孔，素顏一下讓肌膚呼吸，刮一下自己腿毛，還可以裸身在家裡奔跑。別跑出來外面閒逛！被童子軍裝的我抓到，就眞的帶你一起去泛舟了。」（請上網查詢「泛舟哥」）

搭配自己扮演的童軍照，成功地平息網友的怒氣，反而稱讚他有當搞笑藝人的天分。後來，泛舟哥（張吉吟先生）還出書、上節目，活躍在螢光幕上一陣子。

何以兩個同樣不恰當言行的案例，最後的結局卻天差地別呢？我想最重要的差別在當他們面對外界的質疑時，一個是持續把自己困在受害者的角色，希望取得同情；另一個則是承擔起自己應有的責任，展現出積極的態度，並沒有要求別人一定要原諒他，反而贏得了認同。

解「凌」，還需繫「凌」人。

這和我先前處理霸凌議題的經驗非常吻合。過往在學校任教時，難免會遇到孩子被同儕霸凌，老師和家長得介入協調。面對這個情況，首先，我們必須先嚴肅地教導孩子霸凌行爲是不對的，他們要學會怎麼好好相處與溝通。

但實際在處理過程中，會有一個矛盾的狀況在於，老師只能明確地要求孩子，不能製造別人身體的傷害，但老師沒有權力強迫孩子必須跟誰做朋友。於是乎，就會有一些遭受霸凌的孩子，因爲自己本身的一些生活習慣或社交技巧，造成其他同學的不滿（如喜歡散播謠言），但老師請他／她調整行爲，卻又不肯配合，最後就會變成獨行俠，被排拒在團體之外，從肢體或言語霸凌，變成關係霸凌。

假使，這時候家長並沒有從旁引導孩子，學會恰當的人際互動，甚至反過來指責老師偏袒霸凌者，便會讓整個關係陷入僵局。受害者們（包括孩子和家長）一直覺得自己很可憐，抱怨沒有人願意幫助他。

同樣的情況，其實也會發生在職場中。那些覺得自己遭受打壓的員工，究竟是環境對他們不友善？還是他們本身的一些作爲，容易引起別人的輕視？這部分的釐清，需要格外用心。

2. 自嘲或幽默

如果對方的嘲笑是出自於惡意或無知，你可以幽默或自嘲的方式，巧妙地利用對方無傷大雅的挑戰，成就自己的圓融大器。

演藝明星的身材，通常是人們關注的焦點，好萊塢男星馮迪索（Vin Diesel）一直是以健美形象廣爲人知。有一次，他度假時，被偷拍到一張赤裸上身、卻臃腫鬆垮、毫無肌肉線條的照片（請上網查詢「馮迪索發福」），並放到社交網站上公諸於世。粉絲們驚呼他們心中的男神，怎麼可以變成一個大肚腩，紛紛留言感嘆或嘲笑他。

記者們也等著看，馮迪索會怎麼回應？結果，男神並沒有斥責大家管太多，或是反擊大家怎麼可以在言語中，暗示肥胖是個錯誤。他僅在個人的臉書上，轉發一篇文章（上頭還有自己發福的照片，眞是太有勇氣了），並註解短短兩個字「All Love」（都是愛）！

簡單的回應，讓先前嘲笑他的影迷或網友，一面倒地檢討自己的批評太不應該，自己知道錯了。想想換成是你，有同樣的氣量，好好地回應他人的調侃嗎？

這絕對不是單靠反應快、會說話，而是平常便做好充足的準備，特別是「心理防護罩」。有些人在面對他人挑戰時，要不就是失控發飆，不然就是啞口無言，反而無法捍衛自己的立場，因爲當對方是有意羞辱你時，他最想看到的就是你生氣或出糗。

因此，你不能把別人的攻擊，當成是一種天災，覺得無法事先預測，只好說服自己：「碰上了就是自己倒楣。」相反地，只要你有足夠的敏感度，你一定會猜測得到，別人對你身上的哪些特質或所代表的角色（例如：公務人員很會摸魚？業務員都只在乎業績，不管品質？年輕人都很白目，不會看人臉色？……）可能會產生質疑，進而私下先做好回應的準備，清楚自己要避開哪些陷阱，把握哪些原則。

如果你發現自己很困難思考這類的議題，你可以回頭檢視第一部〈是什麼阻礙了你做出好回應？〉所談到的「心理不滿」，是不是你還沒有準備好接受，某個部分的自己？或是還不願意承認自己身上已經擁有某些美好或特質？

再舉一個例子，或許你會更了解，某些看似不完美的小缺陷，只要你運用得宜，反而會讓人覺得你非常有自信。

以小勝大的前提是，不認爲自己擁有的很少。

春秋時代，齊國丞相晏子，有一次奉命出使到楚國去談判。楚國國君知道**晏子很矮**，便想捉弄他，命人迎接晏子時，只能走小門。

晏子很明白楚王在嘲笑他，他並沒有因爲自己貴爲丞相，就斥責對方，僅是態度溫和、立場堅定的說：「到狗國，才走狗洞。我今天出使的是楚國，怎麼可以走狗洞呢？還是說楚國是狗國？」

接待的官員聽他這麼一說，只好趕緊請晏子從大門入城。進了王宮，楚王見晏子其貌不揚，就嘲諷他：「你們齊國沒有人才嗎？怎麼會派你來？」

晏子答：「齊國人可多了，光是首都的街道就有上百條，人們只要輕輕舉起衣袖，就能遮住太陽、甩一下汗水，就像下雨。走在路上都得摩肩擦踵，怎麼會沒人呢？」

楚王又問：「既然如此，為何派你出訪呢？」

晏子很平靜的回答：「我們齊國派使節出訪是有原則的。那些最聰明能幹的人，會派遣他們去道德高尚的國家；而愚蠢無知的人，就去落後的國家。**我是這群人中，最無能、最笨拙的一位，於是乎我就來到楚國了**。」

這番話，讓楚國在場的君臣張口結舌，說不出話。後來，晏子又再度出使楚國，為了一解心頭之恨，楚王要官員想辦法，挫挫晏子的銳氣。有人建議，就在晏子入宮時，故意綁兩個齊國人經過晏子面前。

楚王問：「被綑綁的人是誰？」

士兵答：「齊國人。」

「犯了何罪？」

「他們偷了東西。」

此時，楚王刻意看著晏子說：「你們齊國人都天生好偷竊嗎？」擺明要藉機羞辱晏子。

晏子不慌不忙地起身，說：「我聽說，有一種植物在齊國可以結出甜美的果實，可是放在楚國，雖然外表看起來是一樣的，但結出來的果子卻十分乾澀難吃。之所以會有差異，不在於種子的好壞，而在於水土不同。就像這兩個人，在齊國不會偷竊，到了這裡竟變成小偷，會不會是楚國的水土所造成的結果呢？」

楚王見晏子如此機敏，只好苦笑說：「我本來想取笑你，沒想到卻被你反將一軍，你實在太值得敬佩了。」

我們之所以會尊敬一個人，往往取決於這個人在困難時刻的反應。偉人不是因爲他做的事情很偉大，而是因爲他有勇氣做出別人下不了的決定。這份勇氣是透過一次次的挑戰磨練出來的，沒有生過繭的手掌，就無法撥出美妙的和絃。

3. 穩穩地站在合理的位置

在晏子的故事中，我們不僅看到他透過自嘲、幽默化解了危機。同時，他也穩穩地站在一個合理的位置，把對方的挑戰，變成打出好球的機會。或許，你會好奇要怎麼樣才知道，自己所堅持的立場是合理的呢？

由於每個人所面臨的狀況各不相同，沒有一個答案可以適用所有人，但透過有系統的思考，你能夠幫助自己釐清定位。方法不陌生，一樣是5W1H，外加一個B。

Who	誰提出這個挑戰？他有什麼資格？
What	挑戰的內容為何？如何定義？我自己怎麼看？
Why	挑戰想達成的目的？
Where	挑戰發生在什麼場合？是這個場合的重點嗎？
When	挑戰發生在什麼時間？是這個時間應該關心的嗎？
How	挑戰以什麼形式呈現？這個形式有何特性？
Boundary（界限）	這個挑戰，是我該關心的嗎？

實際舉兩個例子，一中一西，看看古往今來的名人們，怎麼回應發生在他們身上的挑戰？

◆奧斯卡黑白爭議，看名人如何回應挑戰

先從近的開始。二〇一六年第八十八屆美國奧斯卡金像獎公布入圍名單時，媒體一片譁然，因爲沒有黑人入圍，引發了「太白」的爭議。偏偏當屆的主持人，就是一位黑人克里斯洛克（Chris Rock），所有人也在看他，會不會因爲抵制種族歧視而拒絕主持？

他並沒有這麼做，但他也知道身爲一位在美國認眞打拚的黑人明星，必須爲自己的同胞們說些話。典禮一開始，他劈頭就點出房間裡的大象：

「今年怎麼了？大家都抓狂了。史派克．李（Spike Lee）氣瘋，潔達．蘋姬．史密斯（Jada Pinkett Smith）氣瘋，大家都很不爽。潔達說她拒絕參加，我心想『她不是演電視的嗎？』

潔達要杯葛奧斯卡？但她有什麼立場杯葛奧斯卡？那就好像我杯葛蕾哈娜

（Rihanna）的宴會——我又沒有受邀。」

接著，他話鋒一轉，把焦點放在潔達蘋姬史密斯身上。「我知道妳爲何不開心，因爲你老公威爾史密斯（Will Smith），沒有因爲《震盪效應》（Concussion）入圍。你不服氣，威爾表現這麼棒，卻沒有提名，超不公平的。你會生氣是合理的。但是，威爾演《飆風戰警》（Wild Wild West）時，領兩千萬美元的酬勞，對其他演員也不公平啊！」

同時，克里斯也聲明：他之所以沒有拒絕主持，是因爲他知道無論如何典禮一定會舉行。倘若今天主持人是透過提名的方式，他也不會贏得這份工作，觀眾們會看見尼爾派屈克哈里斯（Neil Patrick Harris）（第八十七屆主持人，白人），繼續主持。他最不需要做的事情，就是把表演機會讓給競爭對手。

等全場笑完後，語氣一沉，他點出奧斯卡缺乏多元性是長久以來的問題，八十八屆典禮中，有七十一次沒有任何一位黑人入圍。但爲何那時沒有人抗議？因爲當時黑人有更重要的議題需要關心。他說：「當你遭到性侵、私刑、家暴時，你會在乎誰得到最佳攝影獎嗎？當你有家人被綑綁在樹上，你很難說服自己去了解，最佳外語紀錄短片得主爲何？」

他甚至幽了主辦單位一默，其實要解決黑人演員入圍的爭議很簡單，只要新增一個「最佳黑朋友獎」，就能皆大歡喜了。最後，他很愼重的表示：「我眞正想說的是：這無關杯葛，關鍵在於機會。我們希望透過頒獎，讓黑人和白人演員有同樣的演出和得獎機會，這是持續要努力的事情，不只有這麼一屆而已。」

要多麼努力，才能顯得毫不費力。

克里斯看來輕鬆幽默的開場，其實做足了功課，才能把問題點出來，並賦予新的觀點，緩解眾人的怒氣。如果用5W1HB來分析這段回應：

Who	史派克·李（電影製作人）、潔達·蘋姬·史密斯（一開始是電影明星，二〇〇九年後，重心轉移到電視劇上）、其他相關的影視從業人員
What	打壓黑人、沒有黑人入圍、成就不被重視

Why	強調平等、多元
Where	頒獎典禮及相關報導
When	公布入圍名單後至頒獎典禮當天
How	記者採訪、媒體發布聲明、網路抵制
Boundary（界限）	我（克里斯）同樣是一位黑人演藝工作者

大略的分析完這些問題後，於是你會發現克里斯的回應，並沒有閃避黑人被歧視的問題，他甚至把種族問題拉長到整個歷史來看，顯示黑人確實長期受到不當的對待，這問題已存在已久。**而他站出來，不是要證明自己比其他黑人厲害，相反地，他必須利用這僅存的發聲機會，讓更多人持續關注這個議題，而不是默默躲在螢幕背後哭泣抱怨。**

這一個漂亮的回應，替他取得了合理的位置，能夠繼續做好主持工作，並把大家目光的焦點，從膚色問題拉回到藝術表現。

站穩理字，讓對方下不了馬威，還無法論斷你是非。

談完了西方的案例，我們來看看東方的作法。或許，我們不像克里斯需要處理很複雜的種族議題，站在螢光幕前，接受眾人的考驗。但你一定曾在工作中，被上司或老鳥來道「下馬威」的經驗，尤其是剛到新單位、負責新業務時，特別容易遭遇類似的情況。

其實只要身在職場，這類的挑戰是不可能消失的，因為很有可能角色互換，有一天你也會需要給別人下馬威，以達成某種目的。但如何處理得漂亮，不會太過直率，而得罪人，從此苦無天日；也不用委屈求全，只能當個小媳婦。做到不忮不求、不卑不亢，就得靠智慧。

唯有你看清楚整個局勢，你才能從中找到合理的位置，幫自己創造回馬槍，讓對方既下不了馬威，還無法論斷你是非。清朝禁菸重臣林則徐，就非常懂得進退的藝術。

當年林則徐身負皇命，領了個欽差大使的頭銜，到了廣州，各國大使對於他接下來會有什麼措施？是否有眞功夫，還是紙老虎？都格外關注。畢竟鴉片的利益實在太大，不容許有人把煮熟的鴨子，給沒收了。

爲了一探林則徐的底氣，各國使節以替新官接風的名義，聯合邀請林則徐出席晚宴，想藉此挫挫他的銳氣，讓他不敢造次。林則徐當然知道這是一場鴻門宴，但他仍然得扮演好自己的角色，笑臉迎人的拜會各國大使。

不安好心的大使們，在宴會最後，準備了一道壓軸菜——冰淇淋，給林則徐嘗鮮。在那個年代，中國人連冰塊都不一定見過，怎麼可能知道冰淇淋是什麼東西。因此，林則徐看到冰淇淋，透著縷縷白煙，以爲是滾燙的食物，對著它吹了吹氣，才放到嘴裡。

一入口，冰凍的口感，頓時讓他一臉錯愕，逗得這些列強使節們大笑不止。很明顯的，林則徐被擺了一道下馬威。身爲一國的門面，吃了虧，當然得討回來，問題是怎麼討？

當場發飆，肯定失了修養與風度；不做表示，置欽差威信與國家尊嚴於何處？再三思量後，決定按兵不動。行禮如儀地感謝各國大使的款待，過兩天，他再備宴回請大家。禮尚往來，本是國際禮儀。

回家後，他告訴廚師，自己吃冰淇淋的情況，要廚師做道「涼菜」表示一下。同樣地，又到了宴會尾聲，最後一道甜品端上來，是福州名菜「太極芋泥」。

太極芋泥是將芋頭蒸熟後，壓成泥狀，拌入紅棗、冬瓜等甜點，再蒸一次。接著，以白、黑糖調味，加油拌成芋泥，最後用白色的瓜子仁、紅櫻桃，在芋泥外裝飾成太極的圖案。最重要的是，上桌前，爲了保持芋泥的溫度，會用涼糖水淋在表面，讓熱氣封死在芋泥裡。

當太極芋泥一上桌，大使們看到紅白可口的甜點，且不冒煙，就像他們熟悉的糕點一樣。不疑有他，準備大快朵頤，但一口咬下，連聲：「燙啊！」

這下，吞也不是、吐也不是，整個五官糾結在一起。此時，林則徐不疾不徐的說：「這是福建名菜，叫太極芋泥。」並優雅地示範正確吃法，給這幫燙出眼淚的大使們見識。

這個故事並沒有實際的語言交鋒，卻是最高段的回應策略。雙方都用「隱喻」的手法，間接告訴對方一些重要的訊息。外國使節用冰淇淋告訴林則徐，西方有最新的發明，不是東方陳舊的腦袋能追上的。但林則徐則回敬老外，眞正底蘊深厚的東西，從來就無法從表面上看出端倪。

當你能夠看穿「下馬威」的存在，本身就是一種權力的角力，你就不會把自己的尊嚴和意識，給混了進去，只為了爭強鬥勝。如果你是新手，你能不能懂得老鳥的下馬威，是爲了確保自己的地位；而老闆的下馬威，是爲了確定你是否有忠誠度？不同的動機，回應的方法自然得有所變化。

站在一個合理的立場，告訴老鳥：「我們出來工作，無非就是求一個生存，你讓我快點上手，你也就能更快輕鬆一點。」或是堅定地回應老闆：「公司活得好，員工才可能有保障，怎麼樣讓公司能運作順利，是老闆和員工都同樣關心的事。」

其實，要表態不難，但你第一時間是否會被對方的氣勢給震攝住，而無法思考或陷入自怨自艾中，就決定了整個局勢的發展。想想，如果當年你是林則徐的部屬，目賭主子吃了悶虧（冰淇淋）後，只會找自己人發脾氣、或是軟弱不作聲，之後這個老闆講的任何話，你會放在心上嗎？

別人的輕蔑你無法阻止，但你可以決定不讓它在大腦生根發芽。

我們都不喜歡被討厭，但不能爲了當好人，而賠上了自己的原則。面對他人的刻板印象或偏見，你可以把它當成是一種助力，督促你超越自我，成爲更優秀的人。但也有可能一個不留意，就變成一種阻力，預言自己的失敗與毀壞。當你相信女性就是數理不拿手、老人一定會出現健康問題、男人不擅長處理人際問題⋯⋯，這顆信念的種子，雖然是別人放到你手中的，但卻是你自己親手種下，並在未來的某一天長成你想要的樣子。

因此，面對外界的挑戰，你不能只是靜觀其變，你必須要有勇氣和方法，「使力」推開它，不讓它有機會在你的大腦中生根發芽。

重點整理

- 「輕蔑」需要「面對」。可運用的策略有三：
  1. 承認
  2. 自嘲或幽默
  3. 堅守合理的位置
- 我們有些想法或觀點，是連自己都不知道的，成為某種成見、偏見，甚至是歧視的前身，常常在我們意識到之前，就反應出來，下意識地想要排斥對方，藉此來保持一種心理上的安全距離，知道自己和對方是不一樣的人。
- 我們無法阻止別人的輕蔑，但可以決定不要讓它在大腦中生根發芽。

Chapter 8

如何回應厭惡的情緒

——轉化

猜猜看，在人類共通的七大情緒中，哪一種情緒最危險？

你可能會直覺想到「憤怒」，因爲人常常在生氣的情況下，做出傷害自己或他人的舉動。但其實在人際互動中，最危險的情緒並不是憤怒，而是「厭惡」。

原因很簡單。**憤怒會讓人展現出攻擊的「行為」，但厭惡才是攻擊背後真正的「動機」。行為可以藉由教養、文化、法律來調整或禁止，但動機卻很難透過外界的限制而消失，甚至很多時候，當事人連自己厭惡的理由都不清楚，只剩下一種反射習慣。**

而且複雜的是，厭惡雖然是一種本能的情緒狀態，但厭惡的「對象」絕大部分都是從後天學習而來的。人之所以會討厭某件事，通常是認定那個東西會危害到我們的生命安全，像是病菌、腐敗的食物、屍體、臭味……，爲了保護自己，我們會想要遠離，甚至隔離或消除。但同樣的情緒，若放在人際中，就會做出很可怕的行爲。

歷史上，大部分的屠殺都起因於一個民族（族群）對另一個民族（族群）的憎恨與仇視，例如納粹對猶太人、遜尼派與什葉派（伊斯蘭兩大教派）。無論最初厭惡的理由或誤解的原因爲何，一旦被文化記住，並受到有心人刻意煽動，不一定需要多麼強烈的事件，就能讓團體中大部分的人心中的厭惡濃度瞬間飆高，進而出現「眼不見爲淨」的念頭，透過殺戮以確保個人的存在地位。但我們往往只注意到表面的衝突，其實追根究柢都是厭惡情緒所引發的盲目反應。

而回到一般的人際關係，容易引發厭惡的誘因，有四種：

1. **病人**：害怕受到感染而生病。
2. **不幸的人**：過往女人如果斷掌，就會被指控剋夫或剋子，其他像是：寡婦、孤兒、殘疾、遊民、精神疾患……等，關係不圓滿或生活較清苦的人。
3. **陌生人**：一方面是基於對未知的害怕，另一方面也是父母從小所灌輸的觀念，不能隨意靠近陌生人，要保持距離。
4. **道德敗壞的人**：這是最難定義的一個誘因，跟每個人的價值觀和所處文化有關。對篤信基督教的人而言，同性戀是一種道德敗壞；對愛國的人而言，間諜、漢奸，任何對敵國輸誠的人，都是不可原諒的；對奉公守法的人而言，只要扯上犯罪、違反法律、挑戰善良風俗的事情，就得被禁止。

古往今來，很多人都是舉著道德的大旗，對自己看不順眼的事情，就貼上危險、敗壞的標籤（如歐洲中古世紀的女巫迫害），想藉此置對方於死地，以證明自己的優越。但歷史一再的告訴我們，真正有能力和自信的人，是不會透過打壓別人，來凸顯自己的本事。

因此，**當你發現自己或別人臉上出現厭惡表情時，別太快認同這份感受，很有可能是過去經驗的投射，而不是當下真正的事實**。你可以在心中先喊一個暫停，並運用本章即將介紹的三個步驟來幫助自己，讓原本混濁的泥水有機會先沉澱一下，你就能夠看清楚哪些部分是需要好好回應？哪些可以先擱置，不用隨之起舞。和厭惡相關的次情緒包括：排斥、偏見、歧視。

厭惡的表情很容易從鼻子的變化辨識出來，明顯的特徵有：

✓鼻子皺起來往上提，鼻梁出現皺褶。

✓上嘴唇往上提。

而且當事人出現厭惡的表情後，很容易接著「翻白眼」的動作，透過眼神迴避，拉開自己與對方的心理距離。

厭惡

厭惡需要轉化。

既然厭惡的對象不是天生的，會受到後天的影響，這也意味著他人的厭惡，可以透過「重新學習」來「轉化」。當你意識到有人不友善的排斥你，或基於一些錯誤印象，對你產生偏見或歧視，你得鼓起勇氣、站穩立場，讓對方知道不能夠繼續這樣對待你。這不只是一份尊重，更是爲未來的和諧盡一份心力，知道如何好好的回應彼此，才能夠繼續在同一個空間中互動，一次次摘除心中的地雷。

當然，要拆除未爆彈不能只憑著滿腔熱血，你需要有策略幫助自己完整地認識炸彈的結構，才能夠精準又俐落地剪斷引線，不造成額外的傷亡。步驟包括：

1. 請充分了解厭惡你的人

不可諱言，很多人在面臨被討厭或被排擠的情況時，第一時間都會覺得自己是受害者，別人怎麼可以如此不公平的對待自己。這樣的情緒是一種暫時性的自我保護，好讓你可以先躲在屏障後，心疼自己的委屈，整理事件的經過，透過內團體（親近的家人朋友、或同性質的人）的安慰，舔拭彼此的傷口，讓自己覺得不孤單。

這樣的反應無可厚非，畢竟人是脆弱的。但問題是傷口痊癒後，你會仔細檢視傷疤，思考下一次該如何防範才不會再受傷？還是繼續停留在抱怨者的位置，責怪別人不應該這樣對你，把改變的責任丟給對方。

我們都知道前者的作法，才是積極的面對，但大部分的人卻習慣停在原地，等待別人的救援。不幸的是，**人們只會「暫時同情」受害者，卻不會一直跟受害者站在一起**。這句話不溫暖，卻十分真實。

想想你身邊一定有些朋友經常抱怨自己被不當的對待，也許你第一次會願意好好陪伴、仔細聆聽，但如果他總是把你當垃圾桶，不斷地向你倒苦水，一點也沒有調整的跡象，你會在第幾次時，決定不再和他見面？不想再理他的訊息？

假使當年甘地或金恩博士，在面對英國不公平的殖民政策，與美國黑人不平等的生活處境，他們選擇的作法是四處哭泣、抱怨，只是糾合一群同樣感覺到被剝削的人上街抗議，只爲了讓大家知道他們的不滿，你猜今日印度能成爲亞洲重要的經濟體嗎？培育眾多優秀的科技產業人才嗎？而美國可能選出一位黑人總統嗎？

小蝦米對大鯨魚？請先徹底了解對手的「在乎」。

以甘地爲例。大家都知道他最著名的策略是「非暴力不合作」，透過絕食向英國政府施壓。但你可知甘地之所以選擇用這樣的方法，而不是傳統的革命運動，有很大的原因是在於他非常了解英國政府在想什麼，以及怎麼樣做英國人才會覺得痛。

甘地在十八歲時，就被送到倫敦學法律，並且取得律師執照，他對於英國文化並不陌生。之後，他被公司派到南非執業，而當時的南非也和印度一樣，是英國的殖民地，受到許多不公平的對待。

他在南非執業的那二十年中，親身經歷英國政府針對印度人所制定的「黑法令」（The Black Act），這個法令強制所有在南非的亞洲人接受登記，並在警察局戶籍簿上註冊，以領取帶有個人手印的特別身分證。不遵守規定者，將被罰款或驅逐出境。熟知法律的甘地，了解這個條款背後隱藏著更大的貶抑和族群意識的操控，他憤而起身反抗。

儘管一開始法案依然通行，他自己本身也因爲一些決策失誤被夥伴誤會，但他在這個過程中，學會了如何跟英國人打交道，他們會使出什麼手段。後來漸漸取得優勢，在他離開南非前，已經成功地爲身處南非的印度人取得宗教、婚姻和經濟自由。

之後甘地回到祖國，發現印度是世界上最大的棉花產地，但所生產棉花只能用低價，被英商運到英國織成棉布，之後再運回來，以高價賣給印度人，他的同胞只能忍受不公平的價格和身體的辛勞。於是甘地呼籲大家，拒買昂貴的英國棉布，他提出「自己動手織布」的口號，教導印度婦女織布的方法，改穿較不華麗，卻是自產自製的土布，並從自身做起（許多甘地的照片，他身上穿的都是簡樸的印度傳統服飾）。

同時，抵制英國商品，鼓勵印度人不去英國的學校、法院、政府機構、拒絕徵兵……等，讓英國工業受到重大的損失，紛紛向英女皇提出求救訊號，迫使英國政府對印度讓步。後來，爲了加快英國政府的改變速度，甘地最後才使出絕食手段，讓害怕鬧出人命的英國，不得不答應法案的修改。

同樣的，甘地並不是突然想到用絕食，向英國政府施加壓力。他在幼年就曾經嘗試過長時間絕食，知道如何調節自己的體力，以及在一般的日常生活中，是極端的素食主義者。這些種種原因，讓絕食變成是一個有效的方法，而非一廂情願的威脅，一個不小心把自己的命都賠上了，卻對改變現況絲毫沒有幫助。

相同的邏輯，你也能在金恩博士和曼德拉總統身上看到，他們都遭遇極大的不公平對待，但他們並沒有只是上街吶喊，要求政府還給他們尊嚴而已。他們本身都受過良好的教育和職業訓練，知道要以小博大，不能只靠蠻力和激情。在傳達悲情之餘，他們用實際的作法（經濟和司法途徑）製造當局者的壓力，進而逼迫對方讓步。

了解對手，站穩立場，不讓別人貼標籤。

回到你身上，或許你不需要面對這麼沉重的議題。然而，你一定曾被某種歧視的語言給傷害過，可能是：商人都是黑心、女人都很情緒化、業務就是要騙你錢、年輕人都是草莓族……等。但你有做過那些會歧視你的人的功課嗎？他們有什麼共通的背景？特質？觀念？如果你一點也不了解對手，那你要如何在面臨挑戰時，能夠針對對方的弱點，迅速地予以反擊呢？

許多人一想到要接觸，或了解討厭自己的人，就覺得全身不對勁，很想要中止這個話題。但**如果你對他們所知越少，你其實是把「話語的詮釋權」贈送給對方，任由對方定義你的經驗**。在這樣的情況下，要對你進行抹黑和造謠是非常輕而易舉的。

舉我自己爲例，在我的領域中，大部分的人會選擇留在學校、醫療機構或社福單位服務，只有少部分的人會想要自己創業。同時，無論是學校、醫療或社福團體，很容易都會讓人聯想到慈善事業或公益團體。因此，我們的專業很容易被當成「理所當然」或「善心活動」。簡單的說，就是「免費」。

可是經營公司必然會有很多費用，在接任何一個工作前，都必須考量到利潤，而非我個人意願可以改變的，這是商業上的基本遊戲規則。但這時候很多聲音會跑出來：

「講講話，又沒做什麼，爲什麼要收錢？」

「我們沒有經費，老師你能不能來幫忙，就當作做善事。」

「什麼都談錢，看到一個人改變，你不覺得更有價值嗎？」

「政府的預算就是每小時一千六百元，二十年來都一樣，老師的報價爲什麼不一樣？」

「我以爲老師是一個很有愛心的人，才會喜歡老師，想要邀請您來授課，沒想到老師會這麼在乎鐘點費。」

類似的雜音不勝枚舉，剛開始經營公司時，當對方這麼說自己，的確是挺受傷的，覺得自己是不是變了？不夠善良、正直？從事助人工作的初衷是不是消失了？

然而，靜下心來，我做了一點分析，一樣用5W1HB幫助自己把脈絡看清楚：

Who	厭惡你的人有什麼共通性？性別？年齡？信仰？立場？
What	他們的偏見通常是針對什麼？是你代表的族群？還是特質？
Why	他們的偏見背後有什麼動機？想藉此「獲得」什麼？
Where	他們會在什麼場合下表現出對你的歧視？
When	偏見是一直都在？還是在某個時間點才會產生？
How	他們怎麼樣表現偏見？歧視的語言？剝奪你的權利？
Boundary（界限）	除了心理的不開心外，偏見對你有什麼實質影響？是你該在意的嗎？

逐項回答後，我發現會在價格上跟我過不去的人，通常他們本身所處的工作環境，也經常在剝削他們的時間和體力，透過訴求「意義感」，催眠他們要繼續奉獻，委屈自己以求得更多數人的福祉。

於是乎，他們不知不覺複製了同樣的作法在其他人身上，並包裝在「做好事」、「幫助人」的光環下，麻痺自己，漸漸失去應有的界線。不然，他們也很困難在那裡繼續工作下去。且弔詭的是，在他們的工作現場，經常會告訴別人「你要愛自己」、「對自己好一點」，結果才有可能圓滿。

懂了這一點之後，我就沒有花力氣再逐一反駁這些人的論點，只是淡淡地回應：「謝謝你們的邀請，以我個人和公司現在的狀況，實在無法負荷這樣的期待，做超乎份內的工作，我必須先把自己和同事照顧好，未來才能夠幫助更多的人。」

假如我落入他們的邏輯，去討論這個價格到底是怎麼訂出來的？絕對會失焦，甚至被貼上「勢利」的標籤。但毫不留情面的拒絕，逞一時的口舌之快，說：「要我免費可以啊！不然，你的薪水先捐出來，我們一起做公益。」也無法贏得對方的尊重，他只會覺得你很情緒化。因此，**你需要花一點時間，將對方的狀態了解清楚，你自然**

會知道哪個點最適合當跳板，把對方想要加諸在你身上的標籤黏回去。

相信在你的專業中，一定也有類似的遭遇，在夢想和現實之間拉扯，旁人的指指點點，成爲心中的枷鎖。在下一段內容中，我會分享爲何在回應厭惡情緒時，站穩自己的立場如此重要？絕對不能隨對方起舞。

2. 清楚定位自己

人們常常會爲了無謂的焦慮或他人的評價，讓自己捲入不必要的戰爭。心理學家丹・艾瑞利（Dan Ariely）教授，就曾經做過一個有趣的實驗，來證明如果你能學會放棄一些選項，反而會贏更多。

教授找了一些受試者，請他們玩一個電腦遊戲，螢幕上總共有三個門，分別是藍色、紅色、綠色，各自代表三個房間。遊戲開始後，受試者只要在房門上點一下滑鼠，就會進入某個房間，賺到一至十美分不等的獎金，總共可以點擊一百次，但每換一次房間，就會損失一次點擊機會。

照道理，要贏得最多的錢，就是盡快找到獎勵最高的房門，然後留在裡面不要出來，一直到遊戲結束。通常實驗到此，受試者們都還能保持理智，選擇對自己最有利的作法。可是，假如一旦改變遊戲規則，情況就很不一樣了。

在第二輪遊戲中，你只要一次沒有點擊某扇門，那道門就會漸漸變淡，連續十二次都沒有點開它，它就會永遠消失。

這下，可讓所有受試者緊張了，他們的目光不只停留在累計的獎金上，並開始分神注意另外兩道正在消失的門，直到忍無可忍時，就會跳出原本獎勵最高的房間，點選最緊急的門，讓它恢復原狀。等到下一道門又快不見時，再花費一次的點擊機會，只爲了同時保留三道門。教授分析所有人的點擊策略，只能用「亂無章法」來形容。

即使教授告訴受試者，每一個房間最終可以得到的獎金多寡，想要減少他們的衝動行爲，結果還是一樣，受試者就是無法忍耐門被關上。

遊戲結束後，教授訪問了這些受試者：「你們知道這樣亂點，其實不會賺更多錢嗎？」出乎意料的是，受試者竟回答：「我知道，但我就是無法忍受門會『消失』。」

到最後，教授使出殺手鐧，他告訴受試者：「就算十二次沒有點，門雖然會消失，但只要再點一下，它就會出現。」也就是說，儘管你忽略它，也不會有任何損失。但瘋狂的情況，依然沒有改善。

那些消失的門，像不像我們希望在別人心中營造的形象。就拿上一個例子作分析，擺在我面前的，同樣有三道門：善心人士、溫暖體貼的人、維持專業品質的人。如果我沒有清楚知道，現階段對我來說什麼才是最重要的，堅定好自己的立場，我很可能會在議價時，一時心軟，爲了營造一種「我是好人」的形象，而同意降價。

但這樣的舉動，會讓那些原本願意尊重我的專業，付出合理代價的機構，覺得我對他們不公平，爲何同一位老師的鐘點費會有兩種價格？誰都不願意當冤大頭，花比較多錢購買。於是這個猶疑，便會爲我帶來不必要的困擾。

就像遊戲一開始的發現，其實你不用在三個門之中掙扎。當你選定好其中一扇門後，即使不是點數最多的一個，也好過三個門亂選。同理，就算你和我的立場不同，對你來說，讓別人覺得體貼、做善事很重要，只要你心甘情願的留在裡頭，好好經營，結果一樣會是圓滿的。最可惜的是「呷碗內，看碗外」（台語），想方設法討好所有的人，到最後卻是賠了夫人又折兵。

此外，那些消失的門一定回不來嗎？在生命的不同階段，專注的目標本不相同，年輕時候需要為自己多累積一些資產，等稍有餘裕再回饋社會，你的自我認同一樣可以取得平衡，而不需要急於一時。但面對外在的質疑和挑戰，一般人似乎很困難放棄眾多的選項，只選擇一條簡單的路前行。然而，事實上這樣的搖擺，反而會讓人不知道該如何定位你。

你習慣的，不代表是對的。

澳洲前總理陸克文就曾經做過一個很好的示範，針對自己在同性戀議題上的立場做出明確的回應和解釋（這段影片在網路上受到熱播，有興趣的朋友可以自行搜尋）。

在一次公開的演說中，台下有一位觀眾，自稱是社區的牧師，他舉手提問陸克文：「我社區裡的群眾一直在質疑爲何要投給你？你對於同性戀的立場搖擺不定，從以前的反對同性戀婚姻合法化，到現在變成支持，**你似乎只是為了撈更多選票。」**

陸克文：「不，我早在競選前，就明確地說出我的立場是支持多元成家。理由有兩個：第一，我不相信人是出生後，才選擇性向的，這一切是基因決定。因此，把同性戀看成一種疾病，是一種錯誤。

第二，假使你也同意，同性戀是基因決定的。那麼沒有人有權可以剝奪兩個相愛的人成爲配偶的機會，否定他們擁有法律關係。」

牧師又說：「耶穌說人長大後，會離開父母，然後結婚，在聖經的定義中，結婚是一男一女的組合。**我很好奇你自稱是基督徒，為何不信耶穌的話。」**

「就你的邏輯，聖經也說奴隸是自然的狀態（現場爆出熱烈的掌聲）。聖保羅在新約中規定，僕人要對主人順從。若我們眞要按照聖經的話做，當年美國南北戰爭時，我們就該出兵援助南方軍團。

回到上帝的立場，人類的社會和文明是一直演變的，但新約的內容不可能持續進步。可是我們可以遵守新約的基本原則，即神愛世人、普世大愛。如果用性取向來決定一個人能不能信教、結婚，是違反這個原則的。

此刻，我堅定的告訴你，這是我對同性戀的看法。在我競選前好一段時間，我寫了許多文章並放在網路上，說明我爲何轉變，這段日子我不斷的反省、掙扎。最後，基於我的良知，我同意多元成家。」

陸克文在進行這段對話時，語調平緩、表情平靜，沒有聲嘶力竭的指責與控訴，**他只是選擇了一扇門，並好好待在裡面**，不因爲別人的質疑，就忙著跳出來爲自己的形象化妝。

同時，從他的回應中，你一定會同意他做足了功課，知道基督徒會在乎什麼？用什麼邏輯或論點，才能讓他們聽得進去。這絕對不是臨場即興反應。

陸克文的回應巧妙的結合步驟一和步驟二，將對方原有的認知重新「轉化」，對方願不願意接受是一回事，但至少陸克文的回應示範了一件事：「這世界上有不同想法的存在，你習慣的不一定是對的。」

3. 把對方「圈」進來

回應厭惡的最後一個步驟，要能夠眞正轉化對方，無論你有多麼厭惡對方，一定要找到彼此的共通點，這樣的立論才有力量，也才能進入對方的心中。

在社交技巧中，尋找雙方的共同性是很基本的方法，很多書都會教你如何設計話題，讓對方感覺到熟悉，信任感自然會提高。因此，很多人會詢問對方的血型、星座、家鄉、學校、工作……等，目的是創造連結，有機會聊下去。而一句簡單的「我也是欸！」似乎就像魔杖般可以打開沉重的心鎖，讓兩個人可以靠近一點。

但不只是營造好關係需要共同性，面對和你想法落差很大的人，如果你同樣能夠找到彼此都同意，或有共通經驗的理由，你不只是爲自己的論點創造一個有利的跳板。更重要的是，你會在對方心中留下深刻的印象，讓他知道你在乎人，更甚於事情的對錯。

改編眞人眞事的電影《間諜橋》（Bridge of Spies），其中就有一個橋段，爲這個步驟做了最具體的詮釋。

男主角詹姆士．唐納文（James B. Donovan）原本是美國一位知名的律師，專門替保險公司處理法律問題，有一天他授命爲一位俄國間諜魯道夫．阿貝爾（Rudolf Abel）辯護，原因是美國政府不想被國際看笑話，覺得他們未審先判，違反司法流程。

在那個年代（1960～），正是美俄冷戰時期，當時的社會氛圍非常重視要愛自己的國家，任何有可能損害國家利益的事情，都應該被嚴加管制。一開始，美國政府只是希望詹姆士做做樣子，表面上有保護間諜的權利即可，不需要太認眞。沒想到，道德感強烈的詹姆士，接了任務後，就認眞的把魯道夫當自己的個案，研究怎麼訴訟對他有利，並發現美國政府掌握的證據，違反了程序正義，不應該被採用。

但詹姆士對專業的堅持，並沒有被自己的同胞所認同，他們認定詹姆士是個吃裡扒外的傢伙，在大街上辱罵、輕視他，中央情報局（CIA）甚至派了探員，希望透過詹姆士取得更多間諜的想法，看看有沒有機會讓對方投降，供出俄國的祕密。

在酒吧中，探員用很鄙夷的態度，問詹姆士：「**你的客戶都招了嗎？**」

「我會當你沒問過這句話。我不可能告訴你，你要我違反律師對客户的保密權，這是不允許的。」

「拜託，大律師，我懂保密權和法律的花招，我也知道**這是你的生財之道**。但我現在跟你談的是『**國家安全**』，如果我的說法讓你不高興，我可以跟你道歉。但我們必須知道魯道夫跟你說了什麼？這是無可妥協的，別裝出一副童子軍的樣子，顯得你很清高，**這件事情是沒有規則的。**」

探員從輕蔑詹姆士的專業，到對於俄國間諜表現出無法容忍的厭惡感，不管任何代價，都要保護國家的利益，即使犧牲間諜的生命也在所不惜。

想想，如果你是男主角，你有勇氣拒絕探員的質問嗎？你會爲了保護更高的人權，即使對方是你的敵人，也同樣捍衛他的權利？這是一個很困難的情況。詹姆士沒有掉入探員的邏輯，他的回應顯現出他獨特的人格。

他問探員：「你是德國血統嗎？」探員答：「對。」

「很好，我是愛爾蘭裔，父母都是，而你是德國後裔。**但讓我們成為美國人的是什麼？就只有一個東西，『規則』，我們稱之為『美國憲法』**。我們因爲遵守這套規則，才能成爲美國人，所以不要告訴我沒有規則，除非你不想當美國人。」

隨即轉身離開。

這句話不難，難在我們願不願意承認，即便是你最討厭的人，在他身上仍然擁有做爲人，曾經付出過的美好。但厭惡和憎恨的情緒，往往會蒙蔽我們的雙眼，讓你只能看見對方和自己不一樣的地方，忙著畫清距離，卻沒想過其實你們共同經驗的，比你以爲的還要多。

透過「了解厭惡你的人」與「清楚定位自己」，你可以試著思考並回答以下問題，幫助自己找到彼此的共通點：

Boundary（界限）	你們共同關心的領域是什麼？（教育、經濟、子女、健康……）
How	你們共同取得資訊的方法為何？（網路、電視、書籍……）
When	你們共同的時代經驗？（解嚴、經濟不景氣、政黨輪替……）
Where	你們共同的生活區域？（台灣、異地工作、留學……）
Why	你們在心理層面中共同的在乎？（被愛、被認同、接納……）
What	你們共同在乎事情？（更好的生活、家人、自由……）
Who	你們都想成為什麼樣的人？（有價值、想法、有錢……）

置人於死地的不是武器，而是傷人的動機。

這一章，我所舉的例子都稍微沉重一點，畢竟厭惡這個情緒，看似出現的頻率不高，但其實它卻會深深影響著我們對世界的詮釋。記得電影《全面啓動》有一句經典台詞：

「世界上最強韌的寄生生物是什麼？」

「是人的想法。」

當你選擇相信某件事情後，它帶給你的影響有可能是一輩子的！有時，我們之所以會喜歡或討厭某些事情，來自於過去的經驗和被輸入的程式，讓我們覺得什麼是好？什麼是壞？

因此，要小心的不是那件事情的本身，而是這個想法是怎麼來的？你有勇氣，跳到另一個位置，用不同的角度重新理解它嗎？保持思維的彈性，生命就有無限可能！不容易被一點小事卡住。

記得在面對挑戰時，別忙著回擊，你不需要樣樣完美，你只需要清楚自己有哪些美好，站穩自己的立場，別人就很難轉移你的重心。並試著關上一些門，把自己的需要縮小一點，快樂就會大一些。

重點整理

- 「厭惡」需要「轉化」，有以下三個步驟：

1. 充分了解厭惡你的人
2. 清楚定位自己
3. 把對方「圈」進來

- 憤怒會讓人展現出攻擊的「行為」，但「厭惡」才是攻擊背後真正的「動機」。
- 無論你多麼厭惡對方，一定要找到彼此的共同點，才能找到立論的基礎，也才有力量在溝通中進入對方的心中。

卸力

讓沉重的情緒，獲得完美的落地

沉重的情緒，就像漲滿的皮球，

愈想丟掉，只會彈得愈高，愈難掌握。

透過稀釋、放慢和陪伴，卸除高築的心防、卸掉緊繃的肩頭，

才能讓憤怒獲得冷靜、恐懼得到平靜、悲傷學會安靜，

於是再抬頭，所看見的世界，多了很多層次。

Chapter 9

如何回應憤怒的情緒

——稀釋

生活在擁擠、緊張、忙碌的環境中，憤怒似乎是你我最熟悉又難以克制的情緒，不管是屬於自己的或他人的。也許，你會覺得要辨識出對方的生氣不難，當對方臉一沉、聲音大聲一點、動作用力一些，就代表他發火了。

然而，你或許不知道的是，憤怒其實很少單獨出現。憤怒的前後經常伴隨三種不同的狀態：

1. 恐懼：害怕對方傷害自己或與自己有關的利益，以及害怕自己失控。例如主管斥責部屬犯了一個不該犯的錯誤時，他的憤怒底下很可能藏著恐懼，擔心自己的升遷不保、失去客戶、連帶受罰、個人的威信受到挑戰……等。

2. 內疚或羞愧：這兩者都屬於**悲傷**的次情緒，覺得自己應該把事情做好，但結果卻不如預期。例如一位母親忙了一整天，回到家，面對孩子無理取鬧的爭吵、啼哭，失去耐心吼罵孩子，表面上是生氣，但內心卻是很自責、難過的。

3. 厭惡：對於攻擊目標充滿反感。上一章曾提到，有些人際的厭惡問題，例如種族、階層、性別，基於過往的錯誤認知，到最後會衍生出強烈的攻擊行為。在婚姻暴力的研究中，若某一方和伴侶相處的過程中，經常出現厭惡的情緒，他／她在這段關係中，出現暴力行爲的機率會比一般人高很多。

換言之，一個人會生氣，背後的因素是很多元的。有時，憤怒其實是一種求助訊號，只是表現形態和我們熟悉的方式不一樣。

由於憤怒經常伴隨著衝動行爲，如身體攻擊、言語辱罵、摔擲物品……等，因此，我們大多只看到火爆的外表，就以爲對方是強壯、強勢，甚至是強悍的，不需要我們的關心，他一個人會更好，放任對方孤獨地與憤怒爲伴，獨自消化情緒，而忽略了這些**攻擊行為，其實是一種武裝，目的是隱藏內心脆弱的情感**。

若以家庭爲例，這樣的行爲模式最容易出現在「父親」的角色上。平時承擔了許多責任，卻不想讓家人擔心，沒有選擇說出口。當壓力一來，又無法及時處理，就容易讓人看到他抓狂的一面，益發不敢靠近他（職場上，就容易出現在老闆或主管身上）。

當你懂得那個看起來「很有力量」的對象，事實上並沒有你以爲的堅強，你就不容易被他外顯的氣勢震懾住，知道如何反應，才能碰觸到對方核心的在乎與想法。

同樣的，我們先從辨識開始。最完整的憤怒表情特徵，包括：

- ✓眉毛向內聚攏且向下壓
- ✓鼻翼向外擴張
- ✓下巴周圍肌肉緊繃

憤怒

雖然憤怒是展現任何形式的攻擊前，經常會出現的情緒，但不等於攻擊行爲一定會表現出來，當事人基於各種原因，有可能會刻意隱藏怒氣。次情緒（行爲）包括：語言攻擊、行爲攻擊、敵意。

用理解「稀釋」憤怒。

回想上一次，當你生氣時，你身旁的人通常會怎麼反應？是不是經常聽到這類的話：

「別生氣了！」

「這有什麼好生氣的！」

「生氣又不能解決問題。」

「你不要這麼大聲講話好嗎？」

「有話不能好好講嗎？」

「你氣，我比你更氣。」

有可能你也曾對一位正在氣頭上的人，說過類似的話。但弔詭的是，其實我們心裡都知道，說這些話並沒有用，對方不會因爲你說了一句「不要生氣」，就眞的可以馬上恢復情緒，可是我們卻繼續掛在嘴邊。究竟是什麼因素，讓我們持續使用一個無效的策略呢？

這其中有一個根深柢固的心理習慣是，**傳統的教育讓我們被訓練成，看到問題就**

要立即解決或回答，越快越能得高分，而不是停下來思考，這個問題是怎麼出現的？

這種「問題→解決」的慣性反應，讓一般人在發現有人生氣時，會馬上意識到這是一個不舒服（待解決）的問題，需要**現場搶修**。

既然是搶修，在乎的就是速度和時間，並不會花心思慢慢釐清。因此，通常會採取兩種處理策略：一種是直接否認這是個問題，典型的反應就是說「不要生氣」，讓人覺得被否定。另一種是簡化問題的複雜度，企圖用一兩個建議，想要取消憤怒狀態，讓人感覺被打發。但無論如何，對方終究只是為了滿足自己「有盡點力」的需求，覺得自己好像有做點事（回答問題），就算是好學生、會得分，不管你的情緒是不是真的能平穩下來。

然而，憤怒就像一杯無法被換掉的墨水。你越急著要墨水變澄澈，拚命在水杯中攪拌，它只會濺得到處都是，讓原本乾淨的地方跟著變髒，但濃度並不會變化。相反地，當你不著急，藉由適當的承接和理解，就像把透明的水倒入杯中，透過稀釋，它就有機會慢慢變淡，濃度越來越低、心情才可能恢復平靜。

稀釋的方法有很多，但在彼此的情緒都很高漲的情況之下，大腦的認知負荷已經很大，太複雜的技巧反而會卡住，這時候越簡單的，越容易做的出來。在此提供兩種策略：

1. 重來一次

必須承認，若有人對我們表現出憤怒的情緒時，我們會直覺地想要保護自己，跟著說出一些氣話。舉例：

當你晚歸，一開門，家人劈頭就說：「這麼晚回家，你是把家當旅館嗎？」

這時候，我們有可能會急著為自己解釋：

「哪有！我昨天就很早回家。」

或

「才十點，不算晚好嗎？」

無論這是不是事實，但聽在對方耳裡，他的憤怒不僅沒有被你理解，還把濃度提高，這只會讓他說出更強烈的話，目的是讓你也嚐嚐他心中的不舒服：

「早回家是天經地義的，你還跟我討價還價，你眞的想要做生意嗎？好啊！水電費算一算%$#@…」

這下，焦點就會被轉移，開始計算誰爲這個家庭貢獻的比較多，而本來眞正想要表達的擔心或關心，就被晾在一旁。吵架吵到後來，根本不記得一開始是爲了什麼而不開心。

既然「自我保護」是人之常情，在面對憤怒的情緒時，重要的不是把力氣花在壓抑自己，而是**當你意識到反擊的話，已經脫口而出時，你知道該怎麼善後，才不會讓戰火起連鎖反應**。

明宏和佳慧是一對情侶，兩個人因爲年輕又有共通的興趣，決定一起開工作室，當個SoHo族。專業出身的他們，很有自己的想法，好處是經常能激盪出許多精采的點子，但缺點是一旦意見不合，就容易吵得天翻地覆，互不相讓。經過一年多的磨合，他們發現吵架消耗掉太多的能量，每一次爭執都得花很多時間，即使到最後有共識，也會因爲沒體力而無法工作，於是進度被嚴重的拖延，影響到客戶的信任。

當他們來找我時，我請兩人分解吵架的流程，發現爭執的模式幾乎不脫以下幾個步驟：

「你怎麼會選這個顏色，根本不搭。」**（一方提出質疑）**

「你不要用自己的喜好定義別人的喜歡好嗎？客人指名要這個顏色。」**（另一方提出反駁）**

「我才沒有，客人是說他常看見別人這樣配色，他只是建議。如果你都只聽客人的話，他們請設計師要做什麼？」**（試圖說服對方且帶有敵意）**

「設計師是來協助客人把東西做出來，而不是代替客人決定他該喜歡什麼。你不要搞不清楚商業和藝術的差別，這麼喜歡主導，去當藝術家啊！就可以當老大。但你就別抱怨，沒人欣賞，錢賺太少。這麼白目的話。」**（更用力的說服，開始出現言語攻擊）**

「誰白目啊！如果不是我，你能接得到這個案子嗎？搞得定那位難纏的客户嗎？明明自己不會溝通，還先做賊喊抓賊。不懂做生意的人是你吧！」**（一開始的焦點完全被轉移，雙方開始進行無意義的言語傷害）**

「現在是要來比業務能力嗎？#@!%^……（消音處理）…」

把真實的狀況搬上檯面，仔細分析後，他們自己得出一個結論是：原來每次吵架只是題目不同，但解題方法如出一轍，當然不可能得到不一樣的答案，就只會越吵越兇，越兇就越不想退讓。

而且他們也發現在工作時，由於彼此都很專注，**意志力已經被大量使用**。很容易因爲一句話沒說好，就擦槍走火，使原本不生氣的事情，變成無謂的口角。這並非他們對關係的期待，以及當初一起工作的初衷。不過，他們也擔心，若要每一句話都好好說，似乎會太刻意、不自然，畢竟他們幾乎二十四小時得相處在一起，不可能隨時隨地上緊發條，難度實在太高。

面對這樣的情況，我讓他們理解到**重點不在於不能犯錯，而是犯了錯能夠及時反應，並知道修正的方法**。**如此，你才能把意志力放在探索和嘗試**，而非抑制。我請他們下次吵架時，只需要做一件事，就是當任何一方發現對話，已經變成是彼此攻擊的擂台時，換一口氣，緩緩地向對方說：「**我們可以重來一次嗎？**」

這句話，就像是遙控器上的暫停鍵，讓彼此的思緒拉回當下。同時，也像是跟對方說：「你的憤怒，我感受到了，我們不需要繼續透過傷害彼此，來爭取注意力。」而被提問者發現對方不再咄咄逼人後，會因爲無須再捍衛自己的立場，而做無謂的堅持，進而重新定位焦點，不在枝微末節上打轉。很喜歡國內一位資深的心理工作者哈克（黃士鈞博士），在他的書《讓愛成爲一種能力》中，分享到這個方法時，所做的註解：**「重來一次，不只是彌補，更是願意的勇氣。」**

這需要雙方很大的善意，才能達到。但當彼此同意再做一次嘗試後，接下來說的話，就會比較完整且符合自己眞正想傳達的意思，而不是意氣之爭。

就以小情侶爲例，明宏表示如果重來一次，他也許會這麼說：**「我重新表達一次我的意思**，我想說的是這個顏色和作品風格不太呼應，我覺得不太合適。」**（完整表達動機和原因）**

「其實我也有點擔心，只是客人很喜歡，我不想讓他失望。」佳慧接著回。

「說不定客人是因爲不知道有其他選擇，才會這樣要求。如果我們製作前，先打個電話跟他討論，搞不好他會更喜歡。但假如他眞的堅持，我們就配合。」

「好啊！我來問他。」

發現了嗎？當憤怒的濃度被稀釋後，才會有理性對話的空間。如果彼此的憤怒沒有被看見，就會拚命的往裡頭添油，但那不一定是你心中眞正的想法。

意圖比意思更重要。

此外，**面對憤怒的情緒時，「完整表述」是很重要的原則**。回應前，先清楚交代自己的「脈絡」，即「這麼說的動機與原因」，對方就會比較知道該用什麼角度理解你的話，而不是自己的投射，有助於減少不必要的誤解。

就像是佳慧懂得明宏的反對，是基於專業的考量，而非對她能力的質疑，她就不需要花力氣保護自己，能夠坦然地說出自己心裡的看法。

畢竟就算沒有憤怒的情緒，人仍然有很多「防衛」，在不確定的情況下，是不會選擇連線，把自己放入危險中。因此，完整表述是爲了能夠讓對方理解你的意圖，進而繼續和你對話的主要原因。

2. 表達你對憤怒的理解

有一句俗諺是：「錢能解決的都是小事」，同樣的，在回應憤怒的情緒時，**「能夠被說出來的，都會變得比較不嚴重。」**

當你明白憤怒的背後，往往是因爲當事人覺得自己受到傷害或侵犯，因此，生氣的目的是爲了嚇阻，或期待有人能體諒自己的不滿，這時你若能讓對方知道你了解他的痛，他就不需要加強馬力，吸引別人的注意，甚至可能因爲你的理解，讓對方從向外、劍拔弩張的要一個公平的對待，變成好好感受內心的悲傷，疼惜自己的委屈。

筱婷是個落落大方、態度積極，很受主管重用的粉領族。儘管年過三十，早已到達適婚年齡，也不缺追求者，但因爲她很能夠從工作中獲得成就感，對生活也很滿意，因此對親密關係的經營就比較意興闌珊。然而，她的家人可不這麼認爲，不斷的施加壓力，希望她快點找個對象結婚。

有一次，她母親和朋友又聊到子女不婚的議題，剛好這位朋友的兒子，最近也失戀，他媽媽抱孫無望覺得很可惜，很希望兒子趕快再找個女朋友。這個話匣子一開，不得了，兩位母親都覺得這是千載難逢的好機會，應該要安排兩人相識，說不定緣分就在眼前。因此，筱婷媽媽在沒有經過筱婷同意下，便擅自把她的電話號碼給對方，要男方邀請筱婷出遊。

筱婷得知後非常生氣，不僅覺得媽媽不尊重她的隱私，同時，媽媽和友人抱怨她未婚的言語，會讓她覺得自己很沒有價值，好像只要有人肯娶她就好，就算是阿貓阿狗也沒關係。

於是在飯桌上，筱婷很嚴肅的告訴母親說：「別人說自己的兒子好，妳就信了，妳眞的認識對方嗎？知道對方是什麼樣的人嗎？妳有沒有想過，他這麼輕易地就拿到我的電話，而且還知道我住在哪裡，對我來說，這是很危險的事情。以後，妳不准把我的電話給別人，而且妳安排的相親，我也不會同意。」

母親覺得自己的苦心，不但沒被感謝，甚至被警告，一氣之下也回：「我是爲妳好，才會想辦法幫妳找對象。妳年紀不小，長得又高，身體也沒多好，要知道好對象只會越來越少，到時候是別人嫌妳，輪不到妳挑人家。」

這番話氣得筱婷連飯也不吃了，拿起手機，就衝到朋友家。好友瑩均聽完故事，只是輕輕地拍拍筱婷的肩，並回應：「**如果我是妳**，我聽到媽媽這麼說，**我也會生氣**，好像她一點都不在乎妳的幸福，只爲了趕快把妳嫁出去。」

話一落地，原本氣到發抖的筱婷，斗大的淚珠就從眼眶中滑出來。她感覺到終於有人知道她在氣什麼，並非無理取鬧。

仔細分析，筱婷的憤怒底下藏的是一種無助，她無法讓母親滿意，也不願意委屈自己配合母親的安排。內外夾擊之下，她只好用生氣把母親擋在門外，就不用去承認母親對自己的失望，還能夠把炮口對向母親，指責母親不該侵犯她的隱私。然而，當有人理解了她的憤怒後，她就不用僞裝自己不在乎，能夠坦然地承認自己受傷了。

而且重要的是，瑩均在面對筱婷的憤怒時，並沒有跟著她一起罵媽媽，或是否認她的情緒，要她別生氣、別跟母親計較、母親也是爲她好……等。儘管，和筱婷一起批評媽媽，有可能會讓筱婷當下覺得被支持、有人一起出氣，很爽快。但這麼做，反而會讓筱婷和母親的關係更加惡化，對母親產生更多偏見。之後母女再互動，不快樂的連結只會越來越強烈，於是憤怒的頻率只會有增無減。如果用投資學的角度來理解，便是「短多長空」。

瑩均的回應，其實只是「表達自己對憤怒的理解」，筱婷就會感覺有人與她同在，不孤單；進而知道回家後，該怎麼和媽媽好好處理這個情況。瑩均**不需要把解決問題的責任放到自己身上**，認爲非要想出一個完美的方法，讓筱婷媽媽不會再爲她的婚事嘮叨，才算夠朋友。

若你曾有過這樣的想法（別人心情不好，你就有責任處理），你很容易在人際關係中，一認識情緒比較鮮明的朋友後，下意識地覺得要和這類人互動太麻煩，就默默選擇退避三舍，盡可能保持距離，以策安全。

或許，一開始眞的可以圖個清靜，但日子一長，都只和自己個性相似的人來往，可預期的是，你生命的精采和豐富度也會減少很多。因此，重要的不是把人歸類，拒於門外，而是懂得跟不同人相處之道，清楚自己在不同的情境下，該如何回應才算恰如其分。

如果你不確定怎麼樣的表達才算理解對方，你可以參考以下這些開場白：

- ✓如果我是你，我也會生氣
- ✓你會生氣是正常的
- ✓換作我是你，我也會有這樣的反應（感覺）
- ✓你有這樣的反應是合理的
- ✓你會生氣，代表你眞的很在乎

但記得，**理解不等於認同，你接住的是對方的情緒，而非想法**。不需要擔心自己的理解，會讓對方以爲你是盟友，你同意他的所作所爲。假使你不認同對方的某些作法或觀念，卻選擇在他情緒高亢的時候，拚命的說服他，即便你說的話都是對的，他也聽不進去。

唯有你先安頓對方的心情，他才有可能有足夠的判斷力，把事情處理好。不會因爲一時失控，而選擇用報復的手段，以弭平心中的不滿。

關鍵六秒鐘，調節不愉快的情緒。

無論是憤怒，或接下來兩章即將要談的恐懼和悲傷，都是屬於比較沉重的情緒，很容易讓大腦的杏仁核被劫持（amygdala hijack），無法進行理性思考，做出錯誤的判斷。

但這不等於負面的情緒，必然是負擔，最好避之唯恐不及。**假如失去情緒作為路標，你會因為無法判斷優先順序，因而失去行為能力，整個人變得很呆板、笨拙，和機器人沒什麼兩樣**。

我們需要有杏仁核作爲緊急反應的前哨站，同時，也要想辦法訓練前額葉，在情況不如預期時，能夠盡快發揮功能，支援前線作戰。保持良好的合作關係，才有可能讓情緒退去後，理智能順利接手。

所幸研究已經發現，杏仁核的警鈴每次發作，大約會持續十八分鐘，尤其是前六秒鐘，大腦的認知功能會完全被杏仁核劫持，被情緒綁架走。之後，所激起的神經內分泌反應，則會在體內延宕近四小時。但如果一開始能處理得好，後續的影響時間就會縮短，因此近期不少團體開始推廣正念減壓或禪定的技巧。然而，這些活動效果最好的區段是在平常練習的時候，你有充足的時間和空間，幫助自己慢慢恢復理智。可是，人際間的互動非常快速而且充滿變化，在對話當下，你需要其他的工具做輔助，人際回應力關注的正是這個區塊。

換句話說，如果我們能夠在這重要的前六秒鐘，能夠透過適當的方法幫助自己或身邊的人，知道如何調節不愉快的情緒，就像大禹治水，重點不在防堵，而是疏通，就能避免許多因爲一時衝動，所產生的悲劇。因此，面對濃烈的情緒，我們需要先卸力，讓對方恢復平靜後，才有可能進行下一個階段的討論與調整。

重點整理

- 「憤怒」需要「稀釋」。有兩種方法：
  1. 再來一次
  2. 表達你對憤怒的理解
- 憤怒經常伴隨衝動行為，如身體攻擊、言語辱罵、摔擲物品等，這些很容易讓我們以為對方是強壯、強勢，甚至是強悍的，不需要我們關心。其實，這些攻擊行為只是一種武裝，目的是隱藏內心脆弱的情感。
- 情緒猶如路標，讓我們可以據以判斷處理事情的優先順序。

Chapter 10

如何回應恐懼的情緒——放慢

打開電視，新聞台一個小時的內容，大約有五十五分鐘以上的時間，報導的都是和恐懼有關的事件：全球暖化、經濟衰退、核四爭議、政治鬥爭、恐怖攻擊、難民問題……，如果說現代的新聞，是透過製造恐懼來抓住觀眾的注意力，以賺取收視率，或許你也會深深地表示贊同。

當你在收看這些訊息的時候，表面上你會覺得恐怖攻擊是西方國家的問題，不需要你擔心，但其實你大腦的恐懼區域是會有反應的，關掉電視，你的心情會覺得沉重、**害怕**、**不安**，甚至是一種連自己在**擔心**什麼都不確定的**焦慮感**。這些其實都是恐懼的次情緒。

很多人都曾有過焦慮的情緒，卻很難告訴別人自己在焦慮什麼，然而，這樣的心情，正是焦慮的典型反應。**簡單的說，焦慮，是還沒有找到理由的恐懼**。你只知道害怕，卻不曉得該從哪裡著手才能對症下藥，甚至連擔心的事情，究竟會不會發生都不確定，是一種很廣泛的情緒，很容易蔓延到整個生活和生命中，若不特別意識，就會變成有心人操弄的理由。

不過，回到演化的基礎，恐懼之所以會被留下來，不可能只有壞處，而沒有好處。恐懼的存在，讓我們對於風險評估會更爲謹慎，減少我們因爲一時衝動，而做出危害生命的行爲。畢竟在大自然的世界中，相較於其他動物，人類既沒有利爪，也沒有硬殼，在艱困的環境中是很容易受傷的。正因如此，恐懼能夠幫助我們在做任何行動前，透過思考和周延的計畫，把可能的危險降到最低。

簡單的說，**恐懼是一種用來保護自己的原始情緒**。但前提是，當你意識到恐懼後，能夠理解到這是一個提醒，而非被情緒綁架，掉入自動化的慣性反應，如：一味的逃避、盲目的反擊。否則，只會製造更多的問題。

恐懼表情的具體特徵，包括：

✓眉毛向上提，並往內聚攏。

✓眼睛睜大（上眼瞼收縮）

✓嘴唇緊閉或微微打開，往耳朵方向拉長。

當一個人有恐懼的情緒，同時間，他的身體也

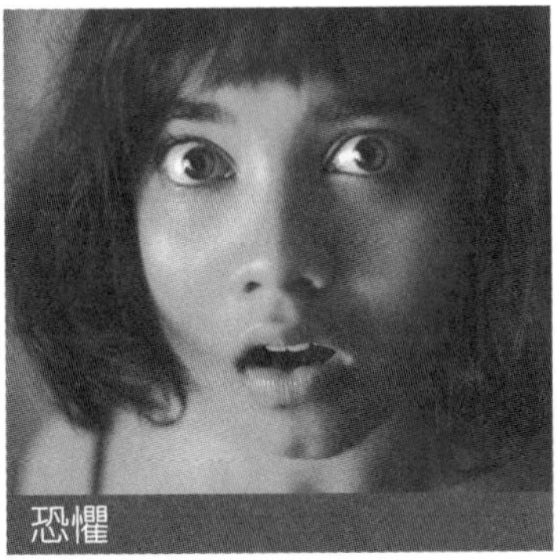
恐懼

會有明顯的生理反應，包括：腎上腺素增加、心跳加快、血壓上升、四肢充血、瞳孔擴大，大腦進入緊急狀態，思考會變得集中與狹隘，目的是盡快做出判斷。

如果一時無法放下恐懼，就先「放慢」。

換句話說，當你發現眼前的人，陷入極度的焦慮或恐懼時，你說的話對他來說，都是新的負擔，他是無法聽進你的任何「建議」，你只能「放慢」他對恐懼的想像。

因爲恐懼都和「未知」有關。你無法說服一個毫無經驗的人，去理解你所知道的世界，你必須等到他自己也體驗過後，討論才可能有交集。

舉個例子，你還記得第一次獨自拿錢，到商店買東西的經驗嗎？會不會害怕有奇怪的大人欺負你？不確定媽媽交代的東西，有沒有買對？煩惱老闆找回來的錢，不對，被媽媽罵？……好多好多的擔心。

在走去的路上，七上八下、忐忑不安，直到完成這個任務，大大的吐了一口氣！

心，才安靜下來！

當時，就算大人們說：「買東西很簡單、一點都不可怕。」你眞的聽得進去嗎？會因爲他們的保證，就不害怕了嗎？如果不會的話，面對一個正在恐懼的人，你直接告訴他：「不要害怕」、「不要緊張」、「別擔心」、「有什麼好怕的」……是無效的。

你唯一能做的是，協助他具體化恐懼的對象，透過練習，慢慢培養能力。等他的勇敢生出來後，恐懼才可能會消失。而放慢恐懼的策略有二：

1. 定位恐懼的程度

你一定看過恐怖電影，不曉得對你來說，看得見的鬼比較可怕？還是看不見的？如果不好回答，想想小時候，不念書，爸媽恐嚇你：「考不好，回家我就打斷你的狗腿！」還是：「你回家，就知道厲害了！」哪一個比較可怕？

我猜，應該是後者。因爲你知道爸媽再怎麼狠心，都不可能打斷你的腿，但他沒有特別標定懲罰的方式，反而會讓你不停的思考，他究竟會怎麼對付你。

未知的恐懼，很容易癱瘓我們的能力，而已知的害怕，若經過適當的引導，卻有可能因爲知道如何施力，成爲行動的目標。因此，面對一個正在焦慮或恐懼的人，你可以先協助對方勾勒出擔心的輪廓，標定出他正在對抗的理由，就能讓發散的思考，慢慢聚焦，找出可以工作的方向。

舉個例子，很多人都很害怕公眾表達，即便是短短五分鐘的簡報，都有可能讓一個人吃不下、睡不著好多天。當你看到家人朋友，爲了一段主持或演講非常焦慮時，千萬別跟他說：「不要緊張，反正只有五分鐘，忍一下，就過了。」

這無助於舒緩他的緊張，還可能覺得你說的是風涼話，他心裡會這麼想：「不然，換你上場，說不定你的情況會更糟糕。」與其想要透過一句話，就消滅對方不舒服的情緒，不如限縮他恐懼的範圍。

我喜歡用「**量尺問句**」，具體化當事人目前的狀況。我會問：

「如果說零分是你上台後，完全無法說出一句話；十分是你可以拿著麥克風侃侃而談，完全不會怯場。你覺得自己現在的狀況是幾分？」

這句話問完，通常對方會陷入一陣沉思，開始他自己的定義和定位，然後說出一個數字，可能比你預期的高或低。這時，你需要做的不是跟他爭辯，這個數字合不合理、你覺得是幾分，而是邀請他多說一點，這個數字怎麼來的？

「我很好奇，是什麼讓你選了六這個數字？」

「因爲這一次，大老闆出差，不會出席會議。我壓力比較小。」

不論他的理由，你覺得有沒有道理，只要接納就好，那是他的眞實。接著，下一個問句是關鍵，爲了**增強對方的信心**，我會請他定義，比他說出來的數字再低一分的情況爲何？

「原來如此，那你可以告訴我，是什麼讓你沒有選五分，這中間的差別是什麼？」

「我花了很多時間整理收集資料，簡報的內容也練習了很多遍，**基本上，準備是**

很足夠的。」

透過這段內容，你不用說服他，他有多認眞，他會想起來自己做過的事情，自信就會增加一點點，你只要肯定他就好。

「是啊！**你真的很努力**，想要讓大家聽懂你想傳達的訊息。那是什麼讓你沒有選七分呢？」

於是你會聽到，他對自己理想模樣的定義：

「嗯！沒有選七分是因爲我很怕簡報結束後，現場的人會問我問題，我可能會當機，回答不出來，很糗！不知道爲什麼只要一上台，我就會聽不懂台下的人說的話。」

「眞的，腦子已經塞滿簡報的內容，這時候就沒有空間，再處理別人送進來的訊息。你好希望自己在台上是可以很自在大方的。」表達你對他恐懼的理解。

「對！**我想要**能回答得出問題。」

當對方能說出這句話時，他腦中就會勾勒出他期待的美好結果，而不是災難化的結果，就容易規畫下一步該怎麼做。

再微小的前進，都藏著許多勇氣。

同時，你詢問的是比他現在已經有的樣子，再往前一點點的一步（從六分到七分），而不是最理想的結果。因爲進步的幅度並不大，他反而會覺得自己辦得到。但如果他把標準設定在像名人一樣，可以談笑風生，即使面對觀眾的抗議、質疑都能輕鬆化解，很容易因爲難度太高，對比自己現在的狀態，就覺得太困難，直接放棄，繼續陷入焦慮的輪迴中。

你想要讓一個人改變，脫離他原有的狀態，你必須給予他希望感，而非製造更多危機。這個原則放在許多情境都適用，小至個人生活挑戰，大至國家議題皆然。

說一個反向操作的故事。

翻拍眞實事件的電影《危機女王》（Our Brand Is Crisis），影射的是二〇〇二年玻利維亞的總統大選。女主角珊卓布拉克（Sandra Bullock），扮演一位政治策略師，被高薪請來打一場原本毫無勝算的選戰，她的雇主是民調落後對手百分之二十八的候選人，也是玻利維亞的前總統。

而她的頭號競爭對手，則是一位政治新秀，用溫暖清新的形象訴求改變。一開始她的雇主和對手一樣打溫情牌，但成效不彰。於是她逆向操作，拒絕她的雇主跟風，選擇捲起衣袖扮演鬥士，並不斷的在媒體上，散播國家的各種赤字、就業和農業問題，激起人民對國家存亡的害怕。她的行動方針是**「當人民在尋求希望時會找上新人，但遇到危機時會找有經驗的人為你奮鬥。」**這麼一來，她的雇主就有機會逆轉勝。

結果，她真的打贏選戰，成功用危機訴求，推銷了不適合的候選人給當地人民，造成後來一連串的流血事件。選舉是贏了，卻輸了整個國家的前途。

然而，從這個故事中我們也學到，面對恐懼，如果你一直往黑暗面看，只會讓人留在原地，因爲人天生害怕改變，你必須有技巧的轉移他思考的方向，他才有意願採取新的行動。

2. 把焦點放在「現在能做的事」

既然，你已經了解恐懼之所以會對人產生干擾，來自於你把自己放在不確定的未來中，那麼具體化恐懼後，下一步你可以做的就是，專注於你可以掌握的部分，而非把力氣花在別人的反應。

筱懿剛晉升爲小主管，努力學習怎麼管理底下的部屬，公平地分配工作以及處理員工的情緒。最近，她非常的煩惱，因爲她發現新聘的職員，無法勝任她所交辦的任務。她必須約談這位職員，進行職務調動。

筱懿清楚這是她該做的事情，但她非常焦慮，原因有二：首先，是因爲她從沒做過這件事情；再者，她覺得直接告訴對方「你不夠好」，很可能會對別人造成傷害，可是她又想不出其他的辦法，已經連續好幾天睡不好。

筱懿的害怕來自於她覺得，要讓員工心甘情願的接受調職，唯一的方法是「讓對方知道自己能力不足」，可是她又覺得這麼說很殘忍。結果就是把自己卡住，不知道該怎麼辦。

同樣的，我用量尺問句，先重新定義了她的恐懼。於是她發現自己需要溝通的，不是讓這位員工離開**這間公司**，而只是離開**這個職位**；她只需要讓員工同意並欣然接受，自己眞的不適合目前的職位，而不是請員工走路。兩者對於員工的衝擊是不同的。

接著，我請她把焦點放在「這個職位」和「這位員工」之間的關聯。用紙筆列出這份工作，需要的特質和能力；以及這個員工擁有的特質和能力。筱懿寫下：

這個職位需要：細心、創意、反應快、文筆好。
這個員工特質：健忘、粗心、肯努力、聽話照做、會資料分析。
之後，我再請筱懿針對四種要求，回想這位員工進公司的一個半月內，做了哪些事情，讓她覺得不符合，逐一列出，讓不適任不再只是一種感覺，有具體的理由。另一方面，我也請她針對員工的特質，把對方做得好的地方，清楚地寫出來。

分析至此，筱懿已經很確定為了公司和這位員工好，她必須重新安排這位職員的工作內容。但不同的是，先前，她一想起這個員工都只記得對方做不好的地方，完全想不出值得肯定的優點。可是重新定位問題，她發現這位員工仍然有其值得被信任的地方，只是被擺錯了位置。若眞要為這位職員好，得在他試用期的三個月內，趕緊幫他找到新的工作，讓公司能看到他的貢獻，不然下一次就眞的會被開除。

找到可以施力的點後，我請筱懿回家，把我和她的會談內容，整理成兩張表格，一個是這個職位的需求，另一個是這位員工的特質，並把相關的資料和事件（如員工出錯的文件），附在表格之後，如此在面談時，她就不需要考驗自己的記憶力，可以直接拿出檔案和員工核對。同時，如果她願意，可以多花一點時間想想，公司目前還有哪些職位有空缺，哪些工作會更適合這位職員。

這麼一來，筱懿溝通的角度，就從「你不夠好」，轉變爲「你更適合做什麼」。焦點一改，她自然在面談時，會用「替對方設想」的口吻進行溝通，而非不斷地說服對方「你眞的很糟」。如此，員工的抗拒也會比較小，甚至覺得筱懿是來幫助他更認識自己，而非質疑他的能力。

後來，筱懿告訴我，這個小小的轉變，讓她順利完成職業生涯中的第一次人事調動，她以後就不會那麼害怕要告訴員工或同事，彼此期待上的落差。以前她總覺得拒絕別人，是一件很可怕的事情，擔心對方不諒解，遷怒於她。但現在她知道，**與其花力氣擔心別人的反應，倒不如先把功課做好**，知道自己是基於什麼原因做出這樣的決定，自然在談話時會更加有底氣，而且通常結果比她想像中的好。

確實，「你不適合工作」和「你不適合**這份**工作」，只有短短兩個字的差別，卻可能造成天差地別的後果。偏偏人在焦慮時，很容易陷入極端化的思考，這時候把注意力，放在立即可以進行的工作，一如俗語所說「頭過，身就過」（台語），開頭順了，後面就容易了。

眞正的成長，是已經遺忘當初爲何會害怕。

看完了別人的例子，邀請你把焦點拉回來。這些回應恐懼的策略，其實放在自己身上一樣可行。

畢竟在成長的道路上，每一件你現在習以爲常的事情，一開始都是陌生的。人面對未知的事物時，焦慮是很常見的反應，那是上天設計來保護我們的重要能力。

因爲不安，我們會計畫得更謹愼！

因爲緊張，我們知道事前做準備！

因爲恐懼，我們學會珍惜已擁有！

請接納恐懼，那是身爲人，最眞實的感受！它的功能就和身體的疼痛一樣，是用來提醒我們要懂得好好保護、照顧自己。然而，成長的意義就是，即使害怕，還是願意向前走，**讓恐懼成為一種動力，推著我們趕快解除那些不愉快的感覺**。當你不再被不舒服所困擾時，就意味著你比昨天更成熟了。

記得我第一次接到電視通告，工作人員告訴我，我被邀請參加電視節目擔任專家時，我的手抖個不停，連一句話都說不好，結結巴巴！超尷尬的！接著幾天，一直在擔心自己錄影時會當機、回答太爛、臉太胖，觀眾不喜歡、被厲害的網友發現自己一點料都沒有，是個冒牌貨！

害怕的感覺，讓我花了很多時間做功課，研究其他的來賓是怎麼回應主持人的提問；特地重新買一些符合電視效果的衣服，讓自己看起來不會太沉悶；對於可能被問的問題，列了洋洋灑灑兩張A4紙的答案，務必讓自己隨時能接話。

就這樣，參與了一次又一次的錄影，到現在，我依舊會做很多事前努力，但不再「緊張起來放了」（台語）！甚至在錄影的現場，我可以聽現場來賓談話，同時觀察幕後人員、主持人、觀眾各自在忙碌些什麼。等到主持人ｃｕｅ我時，再決定當下應該講什麼最合宜。

某一天，我走出電視台，赫然發現，我忘記當初自己爲何會害怕了。現在錄影，對我而言，就像走進便利商店買東西一樣平常。當我學會怎麼面對鏡頭後，我的心，就有空間，去擔心那些我不會的事情了。

如果說，眞正的放下，是你不介意再提起；那麼眞正的成長，是你已遺忘當初爲何會害怕。

只要活著，就會有我們不熟悉的事情，與其把恐懼列入黑名單，不如好好運用這個朋友，讓它成爲你的資源！不論你現在還在煩惱什麼，請記得，過去的你也曾經焦慮過，但你走過來了！所以你可以害怕，但請記得繼續往前走，你才有機會看見不一樣的風景！

重點整理

- 「恐懼」一時無法放下，就先「放慢」。具體策略有二：
  1. 定位恐懼的程度
  2. 把焦點放在「現在能做的事」
- 「恐懼」是一種用來保護自己的原始情緒，次情緒包括：不安、害怕、擔心，以及焦慮，而焦慮簡言之是還沒有找到理由的恐懼。
- 面對一個正在恐懼的人，唯一能做的是協助他「具體化」恐懼的對象，透過練習，慢慢培養能力，等他的勇敢生出來後，恐懼才可能會消失。

Chapter 11

如何回應悲傷的情緒——陪伴

最後，我們要來談談悲傷的情緒。在七個人類共通的情緒中，很多人排斥悲傷，覺得它似乎是最沒有用處的，因爲它既不像快樂帶來正面能量、驚訝使人提高警覺、輕蔑讓人保持優越、厭惡教人遠離危險、憤怒產生行動力、恐懼避免風險。難過似乎只會讓人意志消沉，看不到任何好處。因此，在訴求快速、獨立又競爭的社會中，表現脆弱經常會被認爲是不智之舉，是無能的表現。

正因為對於悲傷的了解太少，於是整個文化，在人遭遇打擊或惡耗時，很少會鼓勵當事人好好難過，多花一點時間舔舐心中的傷痕，溫柔的告訴對方：「沒關係，這是必經的過程，慢慢來，比較快。」

取而代之的是用很激勵的話，勉勵當事人應該趕快振作起來，學著正向思考。而那些安慰人的話，經常會用「**至少**」開頭，例如：

雖然失戀了，但**至少**他送了很多禮物，花了不少錢在你身上。

兒子長大了不理你，**至少**他功課很好，不用你擔心。

沒有工作了，**至少**你可以睡到飽，不用趕車。

感覺上。好像是在鼓勵你、爲你打氣，其實內心是害怕你沉浸在悲傷中太久，一不小心就變成長期憂鬱，爲了降低風險，乾脆直接杜絕悲傷的存在。

有趣的是，我們都是知道剛動完手術的人，身體需要時間復原和復健，才可能恢復健康；太急著出院或工作，反而會大傷元氣，造成更多的後遺症。但面對心理的創傷，我們卻沒有同樣的寬容和觀念，允許心靈慢慢恢復。總是還沒做好徹底的消毒和殺菌，就想要用些簡單的話當紗布，直接覆蓋在傷口上，彷彿看不見就等於不存在。直到多年以後，再受到類似的傷害，翻開紗布，才發現傷口其實從沒有癒合過，持續發炎潰爛。

簡單的說，對一般人而言，相對於治療，麻痺自己似乎是一條比較容易且快速的路。只可惜短時間的轉移目標，雖然可以假裝沒事一小段時間，卻不等於你眞的釋懷了。除非你對這件事情一直保持關注，直到你找到新的平衡點或意義感，它才可能退居幕後。

此外，**悲傷是七種情緒中，最需要時間和脈絡堆疊，才會浮現的情緒**，在你意識到之前，它就已經醞釀許久了。換句話說，它來得慢，去得也慢，很難馬上切換。當你放聲大哭的時候，不是你想阻止眼淚鼻涕流下來，它們就會乖乖聽話的。

所以悲傷是最難模仿的情緒，它很難只是做個表情，你就有同樣的感覺。一個敬業的演員，如果知道自己下一幕戲，得表現出痛徹心腑的感覺，他／她必須花一點時間醞釀，透過回憶個人過往痛苦的經驗，才能把自己放入哀傷的狀態，讓表情符合悲傷的特徵。絕對不是點點眼藥水、假裝一下哭腔，你就會被感染的。

悲傷的特徵有：

✓眉毛向內、向上抬，有個類似開口向下的馬蹄紋形狀。

✓嘴角下垂

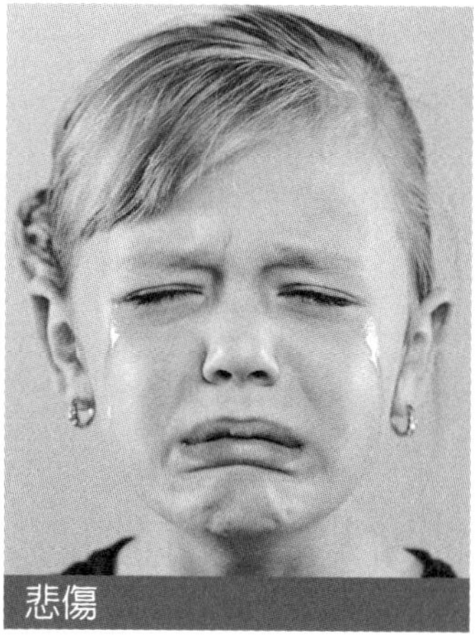
悲傷

✓會出現明顯的下巴頭

不過，成人之後，由於社會化的過程，不太允許我們在眾目睽睽下，哭得一把鼻涕一把眼淚，因此，最典型悲傷出現的頻率，會隨著年齡的增長逐漸變少，但**悲傷的次情緒，卻會因為豐富的人生歷練，越來越多，包括：內疚、後悔、委屈、羞愧、罪惡感、遺憾、挫敗，都是悲傷的變形**。

只要生活中出現不順心或和自己期待有落差的事情，就很容易出現悲傷的次情緒。難怪比爾蓋茲會說：「成功，是最差勁的老師，它只會帶給你無知和莽撞。」當你懂得挫折和失敗，是化了妝的禮物，你才能夠學到事物眞正重要的精髓。

陪伴是最好的止痛劑。

悲傷通常也跟「失去」有關，例如：失戀、失婚、失敗、失寵、失親……等。

你通常無法「給」悲傷的人，他所「失去」的，就算你給了，也不會是對方「想要的」。就像孩子心愛的娃娃不見了，那是每晚陪著他入睡的兔寶寶，當他意識到娃娃不可能找到，嚎啕大哭時，你跟他說：「沒關係，爸媽再買一模一樣的小兔子給你。」對孩子而言，他心中的失落仍然是不會減少的，因爲即使娃娃的模樣是相同的，但上面的氣味和觸感，卻不可能複製。也許在你看來，娃娃都是一樣的，但在他心中就是獨一無二。你得學習接受這是他的眞實。

同樣的，面對一個失戀的人，你跟他／她說：「天涯何處無芳草，下一個男／女人會更好。」並無助於減少對方心中的悲傷。**你越想解決他的問題，斬斷難過的情緒，他會越覺得孤單、不被理解**。當你了解到這一點後，好消息是，你不用給自己太大的壓力，覺得有責任要趕快讓對方「好起來」。

面對悲傷，你唯一能做，也是送給對方最好的禮物是「陪伴」。策略有二：

1. 讓對方感覺到你「人在，心也在」

陪伴，是一門學問。**好的陪伴，不僅僅只是相處在同一個空間，更是一種同在和共振。**

維明和綺芳剛結束熱戀期，感情趨於平穩。這陣子，最疼愛綺芳的爺爺生病，讓綺芳的心情大受影響，經常一想到有可能會失去家人，就會開始掉眼淚。同住在一起的維明見狀，非但沒有安慰，還躲到房間打電動，讓綺芳更爲光火，覺得維明根本不在乎自己。

某次，剛從醫院探視回來的綺芳，一開門，就崩潰大哭，對著維明說：「醫生說這個星期是最關鍵的一週，如果撐不過去，阿公就會離開了，要我們有心理準備。」

維明：「這也沒辦法，阿公年紀這麼大，早點離開，就不用受這麼多折磨了。好啦！你去洗把臉，等一下，我買晚餐給你吃。」

「你怎麼可以這麼無情，要我當沒事，你就不能夠好好陪陪我，聽我說話嗎？爲什麼每次我跟你談到這件事情，你就像個局外人。」

「什麼局外人，你難過的時候，我都有在家陪你啊！這還不夠嗎？」

「打電動，也算陪我？我覺得我養的狗，都比你在乎我的感受。」

「你現在是說我不如狗，是嗎？」……接著，就是一段激烈的爭執。

維明回應悲傷的方式和得到的結果，是許多男性共同有的痛。在我的實務經驗中，有不少男性曾告訴我，他們覺得最可怕的事情就是「看到女生哭」。在這種時刻，他們好像說什麼都不對，很容易被嫌棄，搞得他們很無助，幾次挫折後，乾脆就先逃之夭夭。

由於我們的教育和文化，太強調男性要堅強、勇敢、獨立，不太允許他們表現出脆弱、依賴、柔軟，以至於他們不太清楚該拿這樣的情緒怎麼辦。因此，對他們來說，無法直接給「解決方案」的情況，都是非常危險的。而在動物的世界裡，遇到可怕的事情，要不就是打、要不就是逃。可是回到人類的關係，攻擊是被禁止的，於是他們只好選擇逃避或隔離。

所以維明儘管知道綺芳正處於悲傷的狀態，卻因爲自己的害怕，而無法陪對方走一程，更讓綺芳覺得孤立無援，於是新仇舊恨就一次爆發。換個角度想，當你哭泣的時候，若有人表現出驚恐、害怕、手足無措，是不是會讓你覺得自己的難過是不應該的，或哭泣是一件錯誤的事情。

其實，**一個好的陪伴，你不需要說很多話**（這對男性而言，是個好消息），你**只需要透過適當的肢體語言**（可視兩人的關係，決定身體碰觸的程度），例如：上身前傾、眼神關注、輕握對方的手、觸碰手肘、拍肩、擁抱……，給予依靠和支持即可。就像面對一個哭泣的小嬰兒，你不會想和他說道理，你只需要抱起他，透過輕微的拍打和搖晃，安撫他的情緒。當他知道有人會關心自己，他不孤單，哭聲自然會慢慢緩和下來。

陪伴，最珍貴的是你的時間和專注，而非你的方案與建議。透過你的行動，讓對方知道，難過是值得被好好對待的；不著急，你願意等，時候到了，他自然願意說。

2.用「承接」織出牢固的網，讓對方平安落地

如果有人願意進行一項調查，題目是「你最想問心理學家的一個問題」，我猜「失戀時，該怎麼辦？」應該會名列前茅。

對很多人來說，人生中第一次體驗到「心痛」，是一種眞實的身體感受，而不只是詩情畫意的隱喻，是在失戀中學到的。在那樣的打擊下，人很容易失去求生意志，要不以淚洗面，要不活得像槁木死灰，完全不像自己正常的樣子。

因此，想知道心理學家有沒有萬靈丹，可以讓自己馬上變好是很合理的，因爲人活著，就只有兩大目的：「追求快樂」和「逃避痛苦」。但坦白說，這個問題常常難倒我，因爲我知道他們眞正想問的是：「有沒有縮短悲傷的方法？」

我得殘酷的跟你說，答案是：「沒有。」

無論我知道再多安撫情緒的方法，在我個人遭遇背叛、挫折、失戀時，第一時間同樣會哭、吃不下、睡不好、心事重重，因爲這些都是人類面對悲傷的正常歷程。大

腦為了讓你停下來思考，於是透過短暫的當機，使你的生理功能無法正常的運作，強迫你回到內在狀態，好好琢磨整件事情對你的意義，未來可以怎麼處理會更圓融，從經驗中獲取教訓，避免重蹈覆轍。

換言之，悲傷就像流行性感冒，到目前為止，並沒有直接根治流感的藥物，你只能支持免疫系統對抗病毒。等到有一天，對方的抵抗力變好了，他的身體自然會痊癒。你越急著要身體好起來，不耽誤工作，選擇吃一堆抗生素，越會讓身體麻痺，失去原有的功能，到最後衍生出更多的問題。

韻如有一隻養了十三年的毛小孩叫菲比，是隻很善體人意的台灣土狗。學生時期，韻如時常會帶菲比到公園散步，而菲比也陪著韻如度過無數個苦讀的深夜，守護著她準備一場又一場的考試。畢業後，因為工作的關係，韻如得搬出去住，和菲比相處的時間就變少很多，但她仍然很關心菲比的情況，常常會詢問爸媽菲比的情況。

某天，韻如從爸媽口中得知，菲比自己偷跑出去玩，之後就再也沒有回來了。家人已經花了好幾天，把附近的街道徹底找過，也拜託里長廣播，看看有沒有人發現菲比，甚至到收容所找菲比，希望能夠早日帶牠回家。可惜，一直沒有好消息。加上菲比是隻老狗，爸媽研判菲比很可能撐不過寒流，已經當天使去了。

得知這個訊息，韻如一開始不願意相信，堅持菲比仍然躲在某個角落，等待家人去找牠，說什麼都要請假回家找菲比。但隨著失蹤的日子越來越長，韻如意識到她眞的失去菲比了，某天中午吃飯時，不小心就哭了起來。

同事思婷知道韻如爲了找菲比的事情，已經擔心了好幾天，遞了張面紙給韻如，並輕聲地說：**「如果妳願意，我可以陪妳聊聊，妳現在的感受或想法。」**

「我覺得菲比，一定在生我的氣，氣我忙著工作，沒有回家陪牠。」

「妳對於牠的失蹤，很自責。」

「對，如果我還住在家裡，說不定牠就不會亂跑了。或者我可以早一點發現牠不見，趁牠沒有走遠或被壞人帶走前，把牠找回來。」

「妳很希望牠一直陪著妳。」

「妳知道嗎？我一想到這麼冷的天，牠在外面流浪，不曉得有沒有吃飽？會不會冷？我的心就好痛。」眼淚止不住的一直掉。

「妳真的很愛牠，如果牠知道有人這麼關心祂，一定會覺得自己是很幸福的。」

「眞的嗎？牠會知道我很愛牠？我不是故意不理牠，我眞的好想念牠！我想陪牠到最後一秒鐘，可是爲什麼牠就先走了。」

「妳的心意，牠一定感受到了。也許，菲比正是因為怕妳太難過，知道自己來日無多，先選擇默默的離開。」

「我爸媽也這麼說，可是我不要菲比孤孤單單的離開這個世界，我連跟牠道別的機會都沒有。每想牠一次，就難過一次。」

「如果我是妳，一樣會很思念牠。雖然我沒有辦法幫妳把菲比找回來，但這段時間，如果妳想找人說說話，我可以陪妳。而我也相信，菲比會希望妳慢慢好起來，回到生活中，找到妳的幸福，牠才會快樂。」

「嗯！我盡力」

在這段談話中，思婷的每一個回應，都是以韻如為出發點，而不是自己的以為或判斷。同時，思婷沒有企圖要韻如否認悲傷，也沒有要韻如做別的事情，轉移注意力。她了解難過的人，就像從高處跌落，失速的狀態會讓人不知道該如何反應。

因此，她透過表達自己的理解，編織出一張牢固的安全網，承接住韻如的悲傷，幫助她逐步釐清自己心中的感受。和憤怒相同，能夠說出來的，就會變得比較不嚴重。

所謂「承接性」的語言，指的是反應對方的狀態，卻不試圖解決或說服，但透過你的回應，對方就會像是在照鏡子一樣，對於自己的處境有更完整的理解。一如你若看到鏡子中的自己，頭髮太亂、衣衫不整，會下意識地整理好；同樣的，面對悲傷的人，你不需要督促他好起來，你只需要陪同，並相信他體力恢復後，便會幫助自己。他才是自己生命的主人，你只是過客，能見證，卻不能代替他處理生命的議題。

悲傷的終點，是快樂的起點。

一如我在快樂一章中曾提及，人類大腦的原始設計，本來對痛苦的敏感度就甚於快樂，原因是爲了讓你透過這個經驗，在腦海中留下「深刻」的印象，以減少未來發生危險的機率。

而「深刻」二字，拆開來看，就是「深深地刻下痕跡」。想像一下，若把讓你難過的事件，比喻成一把雕刻刀，當初你對這件事情的期待越高，透過物理的「作用與反作用力」，最後悲傷的情緒就會越重，於是整個出力的過程，就會在回憶裡，留下一道道、深深淺淺不同的刻痕。

所以面對悲傷，你能做的就只有「陪伴」和「承接」，透過觸摸粗糙的表面，讓新的刻痕不再那麼銳利。就像一件雕塑品，越摸越光滑、溫潤。千萬別想要消滅或壓縮它，完整的穿越了，未來才不用常常爲了同一件事難過！同時，**透過悲傷，讓心安**

靜下來，看待事物的角度，也會變得更有層次、有深度。

當你一味的追求快樂，別忘了，光線最強烈的地方，所帶來的陰影也是最黑暗的。沒有人天生是正向積極，不會被挫折打敗的。那些讓你覺得溫暖、堅強的人，往往是最願意了解痛苦的人，於是到最後，他會發現其實陰影並不可怕，因爲有了它，才會知道光從哪裡來。

學習和悲傷相處，就像面對影子，接納它，才算真正的完整。難過時，用心品嘗，等到快樂來的時候，你才能感受到那滋味，有多甜！

重點整理

- 「悲傷」最好的止痛劑是「陪伴」。有兩種方法：
  1. 讓對方感覺到你「人在，心也在」。
  2. 用「承接」織出牢固的網，讓對方平安落地。
- 「悲傷」是最難模仿的情緒，最需要時間和脈絡堆疊才會浮現，你意識到時，它其實已經醞釀許久，換句話說，來得慢，去得也慢，很難馬上切換。
- 你通常無法「給」悲傷的人，他所「失去」的；你越想「解決」他的問題，斬斷難過的情緒，他越覺得孤單、不被理解。

合力

透過心理位移，看見新的可能性

路旁的廣告寫著：

「建築的感動需要兩個人，一個人會做，一個人會懂。」

我在心中默默想著：

「溝通的悸動，同樣需要兩個人，一個人肯說，一個人肯懂。」

Chapter 12

心理位移——站在不同的位置，看見不同的風景

讀到這裡，相信此刻的你，對情緒的理解已經有了系統性的了解，知道哪些是核心情緒？哪些是次要情緒？他們之間的關聯、對於個人的意義，以及在對話當下，該用哪種策略回應，才能夠讓對方感覺到被接納，減少不小心說錯話，踩到人家地雷的機會。然而，有了好的開始，對方的情緒第一時間已經被你承接住，稍微緩和後，你也許會開始思考，那接下來呢？如果對方還是獲得具體的建議，或是想多聊聊，該怎麼辦？

特別是「卸力」一節中，談到的三個沉重情緒，當憤怒被稀釋、恐懼被放慢、悲傷被陪伴後，若對方仍然感覺無力時，總會讓人覺得氣餒、挫折，甚至心疼，恨不得有哈利波特的魔法棒，隨手揮揮，就能讓煩惱消失。

其實，不用羨慕小說主角，若你懂得「**心理位移**」，掌握以下四個步驟，幫助對方發現新的可能，他就能透過視角的轉換，彷彿有力量重新回到身上，不再糾結舊的想法。如此一來，你在對方心中同樣是個會魔法的人。

先簡單介紹「心理位移」的四個步驟，接著再透過實際的例子，感受這四個概念是怎麼融入對話中？成爲自然而然的反應。

1. 準備

在我上一本拙作《衝突對話，你準備好了嗎？》，曾提到一個溝通技巧叫「事前指點」（pre-take），主要是用來建立信任關係，爲整個談話定調，讓對方知道接下來的談話，可能會發生什麼事情，對他有什麼幫助，不用擔心自己表現不佳，可能會對自己不利。

同樣的，在處理對方較爲沉重的情緒時，若你能夠透過「預先出場」，處理對方可能的擔心，後續的談話會比較順暢；同時，減少對方抗拒或防衛的程度。

那究竟該「準備」什麼呢？由於你不在對方的生活裡，就算你是很親密的家人，他所經驗到的眞實，也不一定和你的相同。因此，在位移前，你需要做許多資料的收集和釐清，才會知道鬆動哪一個環節比較容易。換言之，你勢必會問許多問題，爲了取得對方的配合和同意，你先把這個狀況點出來，對方反而不會覺得你是在質疑他，或是你像檢察官在問話。

準備階段的內容，如：

「關於你說的，我覺得很重要，**也想和你一起想辦法**。只是我不知道前後的狀況，很難思考該怎麼做。所以接下來，我可能會問一些問題，多知道一些細節，**目的是讓我更了解你**，好嗎？」

「我需要再多一點資料才能把整件事情弄清楚，待會**可以的話**，盡可能回答我的問題。但如果你對於回答某些問題有困難，**沒關係，不用勉強**，你可以直接告訴我，我再用別的方式詢問，或是等你準備好，你再告訴我。」

表達你的意圖，並讓對方覺得自己是有所選擇的，是準備階段最重要的工作。

此外，準備，除了釐清溝通目的，外部的配合，例如時間因素、環境因素、身體狀況……等，也是一併要考慮進去的。如果評估後，發現此時不宜，請別硬撐，否則到最後因爲意志力不足，無法好好回應，反而讓氣氛更僵。

遇到類似的情況，我會這麼回：

「○○，謝謝你信任我，願意和我分享你的故事。爲了不辜負這份信任，我需要跟你另外約時間聊，因爲現在的我已經很累，沒辦法好好思考。不曉得你什麼時間會比較方便？」

通常對方收到這樣的心意，大多會體諒，另擇適合的時間。

2. 澄清

沒有足夠的細節，就沒有真正的理解。透過好的提問，你將有機會進入對方的世界，就像戴了3D眼鏡般，更了解他的感受。問問題的技巧，在第二部的內容中都曾介紹過，像是：一次找一個答案（越簡單越有力）、是什麼？（別問爲什麼）、疑問詞、5W1BH，以及不帶預設的問句。

特別說明一下「不帶預設的問句」，是一個看似很普通，卻需要花你許多專注力才能做到的技巧。所謂的不帶預設，是指在你的問句中，不能讓對方感覺到你已經有了立場，最典型的預設句型就是「把結論當問句」。如：

✗你不覺得這樣奔波很花時間？（預設對方沒效率）

✓是什麼讓你選擇多跑一趟？

✗你怎麼會沒想到來問我呢？（質疑對方不夠聰明）

✓我很好奇，是什麼讓你沒有馬上想到可以來問我？

許多人習以爲常的說話方式，其實很容易引起對方的反感。要能清楚自己每一個問句到底在問什麼，需要你對自己有高度的掌握力。

3. 聚焦

透過適當的提問，你會收集到足夠的訊息。接著，請記得「少即是多」（Less is more.），你不需要逐一解決對方在對談中，提到的所有狀況，你只需要找出一個施力點，就能發揮槓桿的效用。

你可以試著問：

「整件事情，讓你最◯◯（生氣、難過、擔心、在乎……）的地方是？」

然後，用心聽。對方自然會在對話中，告訴你答案。

4. 位移

最後，**關鍵不是步伐的大小，而是移動的意願**。只要對方願意鬆動自己本來的看法，改變就有可能發生。為了減少直接命令或建議，容易讓對方產生抗拒感，你可以運用「模糊語句」，幫助對方開啓可能性，像：我猜、說不定、可能是、會不會、或許、有沒有可能……等，都能幫助你在對方心中創造可移動的空間。

幸福是你對世界的詮釋，而不是世界對你做了什麼事。

透過實際的例子，我試著讓整個「心理位移」的流程，從平面的名詞解釋變成具體的生活對話，幫助你了解在真實的人際互動，他人的心理是怎麼慢慢被挪動的。

在我寫這一章內容時，台灣剛好發生了一件震驚社會的事件，有一名四歲女童，跟著媽媽上街時，突然被一名男子持刀殺害並身首異處。犯案過程總共不到一分鐘的時間，讓在場所有人，包含女童的媽媽、祖父母、路人都來不及反應，引起社會各界一片譁然。

面對這樣的案件，每個人的反應不同，但大多都屬於沉重的情緒，有人悲傷、有人氣憤，還有更多家長覺得很恐懼，害怕一個轉身就失去孩子了。接著，我們一起看看，悲傷和憤怒的情緒，怎麼透過心理位移達到紓解。

◆案例1：悲傷

新聞一出來，坐在電視機前的家人，隨著播報的內容，眼淚也止不住的一直流。待相關報導告一段落，我回應她：「聽到這樣的消息，任何人都會覺得很捨不得，一個無辜的孩子啊！」**（先承接悲傷）**

「怎麼會有人這麼狠心拿小孩出氣，媽媽辛辛苦苦懷胎十月，一下子就沒了，心頭肉啊！媽媽怎麼承受得了。」

「這件事情眞的影響了很多人的情緒，我想跟妳多聊聊，聽聽妳的看法，畢竟這件事情很可能也會發生在我們身上。**妳願意陪我談談幾個問題嗎？」（準備階段）**

「嗯！」

「妳怎麼知道這個新聞的？當時是什麼心情？」**（開始澄清）**

「今天在公司，中午吃飯時，我點開FB，網路上就已經開始瘋傳相關的新聞。第一時間，我以爲是有人惡作劇，畢竟當街把人的頭砍下來，實在是太誇張了。可是連續好幾則訊息，我忽然發現這件事情是眞的。

一開始，很爲女童感到難過，後來又讀了幾篇報導，才知道女童媽媽親眼目睹自己的小孩被殺，阿公、阿嬤也都在附近。天啊！那樣的畫面，對他們傷害一定很深，他們要花多久時間才能遺忘，很可能一輩子都忘不掉。想到這裡，就很爲他們感到不平。這麼多無辜的人，只因爲一個瘋狂的人，整個家庭都毀了。太不公平了。」

「殘忍的不只是身體上的傷害，還有心理上的傷痕。後來呢？有在午餐時間跟同事討論嗎？」

「說到這，我中午的便當根本吃不下，本來想出去透透氣，但一想到這個世界變得這麼不安全，就回到座位上。同事們也知道這件事情，大家心情都不好，沒有特別討論。午休結束後，我發現自己整個下午都心神不寧，一直在網路上逛，想很知道別人是怎麼看這件事情？有沒有相關單位出來告訴我們，該怎麼保護自己？」

「妳不只是難過，好像還有一點害怕？」

「有一點點，但不是怕自己出事，而是我想如果哪天，我接到電話，對方跟我說我的家人在路上被砍，我可能會崩潰。」

「妳關心家人朋友，更甚於自己。也因爲妳是這麼重感情的人，才會對這樣的新聞特別難受。不過，不管是新聞，還是網路文章，有很多相關的內容，有女童的、她的家人、路人、網友、專家、反廢死團體……。**哪一個部分讓妳最難過？妳最在**

乎？」**（聚焦關注點）**

「我最難過的是小女生的媽媽，親眼目睹自己的小孩，在眼前被殺掉，卻一點辦法都沒有。可是她好堅強喔！她竟然說這件事情並不是立法就能解決，她眞心希望可以透過家庭和教育，讓這樣的事件永遠消失。她是最有資格罵人的，可是她沒有這麼做，她一直要大家冷靜，不要憎恨彼此。我一想到她的處境，還要面對鏡頭，說出這些話，我就覺得好捨不得，好難過。」

「妳很心疼那位媽媽承受的一切。」

「嗯！網路上也有傳她女兒的屍體照，眞的很可惡，一點都不尊重人，他們已經這麼痛苦了，爲何還要繼續傷害他們?!像這類的報導，我都沒有點閱，更不會轉傳，這是在人家的傷口上撒鹽。」

「**我猜說不定，這就是妳能為那位媽媽做得最好的事情**。滿足那位媽媽卑微的心願，不再強化黑暗的力量，而是讓愛被留下來。他們只想要安靜的處理這件事情，讓生活恢復平靜，這麼多的討論，只會增加他們的負擔與壓力。」**（往前移動一些些）**

「有道理，最好的支持就是不再關注那些沒營養的討論。如果我們不看，記者就不會去騷擾那家人，那位媽媽也不用努力站在鏡頭前，向這麼多不相關的人交代。如果眞要表示關心，就像那位媽媽說的吧！回家抱抱最愛的人，就是最好的祝福了。」

「很高興，聊一聊後，妳找到可以幫上忙的地方，並且從過程中學到經驗，而不只有無力。」

「是啊！好像比較鬆一口氣，喉嚨不再哽著一顆石頭。舒服多了！」

◆案例2：憤怒

同一則新聞，也有朋友知道我的專業，希望我能提供一個解答，以洩他心中的怒火。

「我問你喔！你們這些心理學家，到底怎麼判斷一個人有沒有教化的可能？可能你們說有，結果法官免除死刑，幾年後又出來危害社會，倒楣的是我們這些平凡的老百姓。不然，就叫那些支持廢死的人，把這些無良的犯人帶回家管教。我就不相信他們還會支持廢除死刑。」

「我和你一樣，知道這個消息時，覺得很生氣怎麼有人可以做出這麼殘忍的事

情。」**（表達對憤怒的理解）**

「你說這種人是不是應該馬上執行死刑，留在這個世界上要幹嘛，浪費食物。還要花我們的錢養他，越想越氣。」

「我了解你不希望再看到有人受害，所以覺得死刑是一勞永逸的方法。但在我回答你加害人可能的心智狀況前，**我想多了解你對於整件事情的看法**？以及你對司法和死刑的想像？也許，經過討論，我們會一起找出眞正有效減少犯罪的方法。」**（準備階段）**

「這還有什麼好說，殺人償命，一命換一命。亂世用重典，才能有效遏止犯罪。」

「你覺得法律可以保護人們，是不是得建立在一個前提是大家願意遵守，而且對每個人的嚇阻效果是一樣的？」**（開始澄清）**

「嗯！應該是。」

「那你有想過那些做出讓人覺得不可思議犯行的人，他們和正常人的差別，就在於他們的大腦跟我們長的不一樣？對你來說，是很正常、合理的事情，但對他來說，卻一點意義也沒有。」

「你講的我聽不懂，我只知道留這種人在世界上，根本沒有用。」

「你願意多說一點，所謂『沒有用』的定義嗎？」

「新聞不是已經說了，他失業又是啃老族，以前曾吸毒，現在才會精神錯亂。」

「你的意思是說，當一個人失去生產力，不能再對社會有貢獻，就不應該存在了，是嗎？那如果有人生病，無法工作，照你的邏輯就該被淘汰？」

「也不能這樣說啦！」

「我知道這麼說有些刻意，事情不能只用一兩句話區分清楚。但同樣的，現在網路上很多人一直高喊著反廢死，要法官趕快判兇嫌死刑，不也是想用最簡單的方法處理，而不願意多花一點時間，找出問題眞正的核心。容許我再多問一個問題，人類的歷史上，有因爲執行死刑，犯罪就不會再出現了嗎？」

「是沒有啦！但死刑至少會讓人覺得比較公平，壞人得到懲罰，好人不要白白犧牲，就不會那麼氣。」

「在這種時刻，眞的需要一個出口，好讓憤怒有地方宣洩。但只有寄託在死刑上，是很薄弱的。不過，我更關心的是，**對你來說，最生氣的點到底是什麼**？是加害

人到底該不該死？還是，是什麼讓這個社會變得如此危險？」**（聚焦關注點）**

「嗯！我想，真的讓我生氣的是，一想到有一天，會有人傷害我的家人，我就無法忍受。所以就想要趕快把壞人解決掉。但你說的對，解決一個還會有下一個，就像打地鼠一樣，你打越快，地鼠只會變更多。真正一勞永逸的方法是拔掉插頭。」

「謝謝你，願意停下來思考，不盲目的跟著輿論走。我和你一樣愛我的家人，也不希望意外發生在自己身上。**但有沒有可能**，把注意力都放在死刑上，反而會讓人鬆懈，以爲警察和法官會保護我們？卻忽略了，眞正能保護自己的人，其實只有自己。」**（往前移動一些些）**

「你是說，不管有沒有死刑，我們都要學會保護自己的方法，而不是被動等著別人來爲我們做決定。」

「對，從你可以做得到的地方開始，至於整個司法的問題，我們可以關心，可以討論，推動它更好。但不等於有了死刑，我們就安全了。」

「也是，以後在公眾場所應該要提高警覺，不能一直滑手機，才能來得及反應。」

「很好的第一步，同時多關心身旁的人，在火山還沒爆發前，就先處理，也是相對容易的，不用等悲劇發生了，才來遺憾。」

很多時候，人在盛怒之下，第一時間提出來的質疑或評論，不見得是他眞正關心的議題。若沒有足夠的澄清，很容易隨之起舞，陷入一場不知爲何而戰的迷糊仗，談到最後只剩意氣之爭。

因此，多花一點時間澄清，了解對方眞正的在乎，再分享你的想法，會比拚命說服他冷靜下來，有效率多了。

心理絲毫的移動，世界巨大的不同。

在這兩個案例中，我都沒有企圖「一次解決」所有的問題，而是努力創造可以對話的空間，目的是「完整理解」對方的情緒。因爲**只有透過理解，才可能看見不同的可能性**。

但我們對經驗的詮釋，常常都是以偏概全的，特別是沉重的情緒，就像一滴黑墨汁滴進一池白漆中，很難不注意，甚至只注意那一個部分。於是原本一小點的黑，透過抱怨，得到關注，慢慢地向外擴散，最後讓整個染缸變成不白、不黑，一種說不清楚的灰。回不去原本狀態，也無法忘得徹底。

其實，你不需要否認黑的存在，但也無須強化它的重要性。好與壞，可以是同時存在的，就像太極圖裡的圓點。

讓黑不暈染的方法很多，「心理位移」是一個簡單的入口。透過清楚標定不舒服的地方，讓注意力有了著力點，不會無限蔓延；接著，藉由適當的引導，慢慢邀請對方，每次只挪動一點點微小的角度，幾個問句後，他就會看見黑點的外面，還有許多白。**當一個人重新燃起希望，就會有動力做出改變。於是心理的位移，就能變成真實生活中的行動。**

然而，這一切需要你和對方共同的努力，才能「合力」思考出新的可能。沒人願意聽，當事人只會深陷情緒；但當事人不願意談，再厲害的專家，也是巧婦難爲無米之炊。這需要雙方的意願，以及更多的信任，缺了哪一方，都不完整。

重點整理

● 善用「心理位移」，不再糾結舊想法，重新找到力量，發現新的可能性。有四個步驟：

1.「準備」彼此，建立信任關係
2.「澄清」細節，達到真正的理解
3.「聚焦」關鍵問題，找到施力點
4.「位移」，創造意願

後記

本書從「說錯話」破題，透過一層一層抽絲剝繭，我們慢慢了解，避免說錯話的方法，其實是懂得運用「好回應」，當你能夠看懂對方的情緒，做適當的承接，對方就會覺得你很在乎他、你懂得他的狀態，而不會覺得你很白目、活在自己的世界中。

然而，有一件事情我一直沒有分享，即這本書除了談「說錯話」，還圍繞著另一個主題，是身爲心理工作者的我，非常希望讀者也能培養出來的能力。

如果你是個敏銳的人，你很可能已經發現第二部的內容，我都是以那個主題爲核心，發展出不同的回應策略。如果你還沒有感覺，沒關係，那個主題，其實你並不陌生，很可能曾在某一篇文章或演講中聽過它的名號。

會好奇另一個被隱藏的主題是什麼嗎？

答案是：**同理心**。

此刻，有些人可能會在心中翻白眼，覺得：「拜託，這麼老掉牙的觀念，我怎麼可能會不知道。」

然而，這篇後記的重點，不是要討論同理心是什麼，而是我爲何選擇不直接放在檯面上說，非要繞一個彎，到最後才向大家點明。這其中有我深刻的體認與期待。

在我過往的學習經驗裡，很多教科書都查得到「同理心」的定義。例如：

「同理心（empathy），是指能夠**理解與回應他人獨特經驗**的能力，在人際互動中，能夠**站在對方的立場**，體會與理解對方的感受與想法，用不帶偏見、保有彈性的態度，設身處地去思考與處理問題。」

坦白說，當我還是個助人新手時，這上面的每一個字我都認得，但他們組合起來的意義，我卻不甚了解。更不知道做到什麼程度，才符合所謂的「回應他人獨特的經驗」？

我問教授，教授說：「你做久了，就知道了。」聽起來很有道理，可我還是很模糊。爲了展現身爲學生的責任，於是我去翻更多的書，得到不同的說法：

1. 同理心是一種**關懷的能力**與態度
2. 同理心是一種幫助當事人**了解自己的映照**
3. 同理心是一段**傳達與接收理解**的循環歷程
4. 同理心是一種幫助當事人**覺察內在經驗**的療癒性互動模式（註）

一樣的，讀完一整疊的資料，我沒有感受到任督二脈被打通的暢快感，有的只有更多的疑問，什麼叫做「循環歷程」、「療癒性互動模式」、「映照」……。

就算不是專業的學術資料，許多坊間的書籍和文章，在談到同理心時，也都只能列舉出一堆含糊的原則，而沒有具體的作法。感覺上，好像都說了，但真要執行時，仍然是一頭霧水，如：

註：台灣心理諮商季刊，2011年，3卷2期，01-14頁，吳紫堧、許竑彬。

✓正確了解他人的感受和情緒
✓相互理解、關懷和情感上的融洽
✓將心比心
✓同樣時間、地點、事件，把當事人換成自己
✓設身處地去感受、體諒他人

很少有人能說清楚，他人的情緒該怎麼了解？怎麼樣才能判斷自己的回應，符合同理心的要素？

後來，歷經了許多年的實務工作，累積了豐富的經驗後，我才明白，**原來了解知識的結構，不等於懂得如何實際運用**。一如你知道蛋糕的成分是蛋、麵粉、奶油、糖和發酵粉，就算你把材料背得滾瓜爛熟，卻不等於你眞的會做蛋糕，更別提，能烤出一個鬆軟可口、香甜誘人的成品。否則書店有這麼多烹飪書，所有人都是大廚了。

同樣的，知道「同理心」的「成分分析」，不等於你眞的做得到。甚至有可能因

為「知道」，失去新鮮感後，忘記要回頭檢視自己到底「做到」沒？

因此，這麼多年的教學經驗，告訴我要讓一個人喜歡做蛋糕，並不是先跟他解釋一大堆名詞，而是直接帶他進入現場，讓他聞到蛋糕的香氣、鬆軟的口感，體驗過好吃的滋味，有了真實的感受，引起他的興趣後，才回過頭來分析和解釋成分。

就像小時候，跟著媽媽進廚房，媽媽說一個動作，你就跟著做一個動作，一兩個小時後，當你看見成品出爐，你自然會好奇問媽媽：「這是什麼？」

此刻，媽媽才說：「這就是蛋糕啊！我們用了蛋、麵粉、奶油、糖和一點點發酵粉，就可以做出來囉！」

你因為親身體驗，並在過程中，感受過實際操作的快樂，同時在最後也有得到正面的回饋。從此之後，做蛋糕就會變成身體的記憶，不需要太多背誦，把你放入那個情境，你自然會知道該如何執行。

可是如果媽媽直接告訴你：「來我們來做蛋糕，要先準備糖、麵粉、蛋、奶油和發酵粉，第一個動作是……」你很可能會覺得要記得太多，而且聽起來很無聊，就拒絕了媽媽的邀請。

這也像傳統的教育，會教我們很多名詞，你或許讀過迷迭香、乳香、馬鞭草……，但你眞的知道這些植物，聞起來究竟是什麼味道嗎？閱讀很好，但閱讀也有其限制，有能力體驗一回，更甚於強記一堆文字。

正因爲太了解一般人提到「同理心」，可能會有的想法和感受，我刻意在撰寫這本書時，完全不使用「同理心」這三個字，而是直接展現它的具體作法，讓你感受它的香氣和口感，它放在眞實的人際情境中，會長成什麼模樣？

同時，不特定化「同理心」被使用的範圍，好像只有面對脆弱、難過的人，才會需要它。其實，**眞正的同理心是一種能夠感受他人情緒「變化」的能力**，就算是正向的情緒，也同樣需要你的關注。

然而，過去我們太強調在負面的情緒裡，才會需要同理心，一個健康、快樂的人，就不需要被照顧了，所以，有些人很排斥同理心，以爲非要講一些軟軟的話、表現出和對方一樣難過，才算是有同理心，明明對方來者不善，還要裝出溫暖親切的樣子。

其實，這些都是迷思。**一個人可以對於他人的情緒狀態保持敏感，卻不一定需要否認或壓抑自己的立場和感受**，特別是面對輕蔑和厭惡的情緒，當你可以不疾不徐地說出你所相信的論點，才會贏得對方眞正的尊重，而不會軟土深掘。

相信讀完這本書，透過表情的辨別，你對於他人情緒的變化有了初步的認識，知道判別的標準，至少不是矇著頭瞎猜。有了第一步的推論，接著你可以進行假設驗證，試著運用書中分享的策略，回應他人的情緒。

我想有很高的機率，對方會覺得跟你談話很舒服，以爲你受過相關的訓練，對人才會那麼有同理心。但其實，你不一定需要知道同理心，也不用把這個標籤貼在自己身上，你一樣能讓人感覺舒服，這才是最重要的事情不是嗎？

謝謝你願意踏上這個旅程，我即將要和你道別、下車，但在你人生的列車上，你會繼續遇到許多人，好好地回應每一個人，無論他最終會陪你到哪，都是一段風景。

最後，用一段我很喜歡的話做結尾。在英文中：

回應是「response」，

而能力是「ability」，
合起來就是「responsibility」。
換句話說，**一個有「回應力」的人，才稱得上是「負責任」。**
「一個人的命運，正是他回應力的總和。」
祝福你有個圓滿的人生！

別人的情緒，你讀懂了嗎？——
掌握人際回應力，輕鬆談出好關係

作　　者——裘凱宇、楊嘉玲
責任編輯——高莎莎、王曉瑩

發 行 人——蘇拾平
總 編 輯——蘇拾平
編 輯 部——王曉瑩
行 銷 部——陳詩婷、曾志傑、蔡佳妘、廖倚萱
業 務 部——王綬晨、邱紹溢、劉文雅

出版社——本事出版
台北市松山區復興北路333號11樓之4
電話：(02) 2718-2001　傳真：(02) 2718-1258
E-mail：motifpress@andbooks.com.tw
發　行——大雁文化事業股份有限公司
地址：台北市松山區復興北路333號11樓之4
電話：(02)2718-2001
傳真：(02)2718-1258
E-mail：andbooks@andbooks.com.tw
封面設計——COPY
插畫繪製——蔡詩偉
排　　版——陳瑜安工作室
印　　刷——上晴彩色印刷製版有限公司
2016年7月初版
2023年7月二版1刷
定價420元

ISBN 978-626-7074-46-6
ISBN 978-626-7074-49-7（EPUB）

國家圖書館出版品預行編目資料
別人的情緒，你讀懂了嗎？——掌握人際回應力，輕鬆談出好關係
裘凱宇、楊嘉玲/著　－.二版.－　臺北市：本事出版：大雁文化發行，2023年7月
面　；　公分.－　ISBN 978-626-7074-46-6 (平裝)
1.CST:說話藝術　2.CST:人際關係
192.32　　　112006181